MEIN
STÜCKCHEN
ERDE
ANGELIKA STARKL
Brandstätter

Vorwort

Den Titel für mein Buch habe ich gewählt, aber erfunden habe ich ihn nicht. Das hat Hans Dichand selig. Er lud mich 2006 in sein Büro ein und fragte mich, ob ich eine Kolumne namens „Mein Stückchen Erde“ sonntags in der Kronenzeitung schreiben wollte. Zur Gründung der Krone habe es diesen Titel einst für eine Gartenserie gegeben, erzählte er. Ich nahm seinen Vorschlag freudig an. Seitdem darf ich mich in „Mein Stückchen Erde“ als Schreiberin austoben und zusätzlich als Fernsehjournalistin via Internet in Kurzfilmen über Gärten erzählen.

Letztlich aber ist mein Stückchen Erde doch hauptsächlich mein privates, kleines, von Bäumen, Sträuchern und Mauern umfriedetes Paradies: mein Garten im Weinviertel, in dem mein altes, renoviertes Bauernhaus steht, in dem ich arbeite und mein Leben gestalte.

Beide – Haus und Garten – nehmen mich in Anspruch. Sie brauchen mich und ich brauche sie. Wenn ich einige Tage weg bin von daheim, überkommt mich Sehnsucht nach ihnen. Der alte Spruch stimmt: Was du hältst, davon bist du gehalten, es lässt dich nicht los. Das Haus will geputzt und gewartet werden. Der Garten raubt mir Körperkräfte, fordert meine Muskeln. Immer wieder heißt es: umgraben, schneiden, Unkraut zupfen, Rasen mähen, düngen, Pflanzen setzen, gießen, Beete gestalten, Erde schleppen. Kaum bin ich an einem Eck fertig, schreit schon das nächste nach meinen Händen, die manchmal vor lauter Arbeit „einschlafen“ und gefühllos werden – von den erdigen Fingernägeln abgesehen.

Auch was der Garten mit einem Kreuz macht, das zu beschreiben erspare ich Ihnen lieber! Oft bin ich abends hundemüde. Ich sitze da und spüre jeden Knochen, jede Sehne meiner Arme. Dabei weiß ich ganz genau: Ich bin noch lange nicht fertig mit der Gartenarbeit. Das Hortensienbeet ist zu machen, Stauden und Gräser brauchen dringend einen neuen Schnitt und das Baumgeäst am Komposthaufen türmt sich langsam zum Gebirge. Das wird, Gottseidank, mein Liebster mit dem Häcksler zerkleinern. Er ist meine große Stütze, nicht nur, was die schwere Arbeit angeht.

Willkommen

Ich gebe zu, ein wenig schrullig bin ich schon. Ich fühle mich nur wohl, wenn sich mein Garten wohl fühlt. Wenn alles in Ordnung ist. Wenn die Pflanzen gesund sind und gedeihen. Wenn die Bäume grün in den Himmel wachsen, Flieder und Rosen blühen, wenn ich sehe, wie die Sonne auf den saftigen Rasen scheint, wenn ich sehe, dass meine Bemühungen Sinn gehabt haben.

Im Gegensatz zu den Fotos für dieses Buch trage ich meistens im Garten eine Arbeitshose und ein weites Leiberl, damit ich mich ungehindert zu den Pflanzen bücken kann. Die Haare habe ich im Zopf zu Berge stehen und bin ungeschminkt. Die Knie voller Erdklumpen renne ich mit meiner Scheibtruhe herum, die Baumschere in der Hosentasche vergraben.

Niemand, der einen schönen, gepflegten Garten hat, kann mir glaubhaft erzählen, dass er ihn nur „genießt" – außer vielleicht, wenn jemand anderer die Gartenarbeit erledigt. Aber für solche Menschen schreibe ich dieses Buch nicht. Ich schreibe für jene, die in leidenschaftlicher, gegenseitiger Anziehung, in abhängiger Symbiose mit ihrem Garten leben. Für jene, die so wie ich ohne ihren Garten nicht existieren könnten.
Für Menschen, die nach Garten süchtig sind.

Angelika
Starkl

MEIN STÜCKCHEN ERDE

WENN ICH IN MEINEN *KLEINEN GARTEN GEH'*,
INS ERDREICH FASSEND MIT DER BLOSSEN HAND,
ÜBERKOMMT *DIE WONNE* MICH, GEPAART *MIT WEH:*
SO FRUCHTBAR IST DER *BODEN*, *IST DAS LAND!*

DIES *KLEINE STÜCKCHEN ERDE*, *DAS MEIN EIGEN*,
IST ALLES, WAS *ICH BRAUCH' ZUM GLÜCKLICHSEIN*,
IST WAS *BESCHEIDENES*, NICHTS PROTZIGES ZUM ZEIGEN,
EIN STÜCKCHEN ERDE NUR, DOCH *ES IST MEIN!*

UND *JEDE BLUME*, DIE DARAUF ERBLÜHT,
ÖFFNET MEIN *HERZ ZUM DANKBARSEIN.*
IN DEMUT HABE ICH MICH STETS BEMÜHT
ALS PFLEGENDE UM *WACHSTUM UND GEDEIHEN*.

EIN STÜCKCHEN ERDE IST MIR ALS *GESCHENK GEGEBEN*,
VOM *SCHÖPFER SELBST ERSONNEN* UND VERDICHTET,
EIN GRUND FÜR ARBEIT UND *EIN BLÜHEND' LEBEN.*
KEIN HEIL ERFÄHRT DER MENSCH, DER ES VERNICHTET.

MEIN STÜCKCHEN ERDE – DAS IST ALLES, *WAS ICH HAB'!*
IN LIEBE WILL ICH ES *BEHANDELN* UND *BEGREIFEN*,
SO DASS *ÜBER DEN TOD* HINAUS *AM GRAB DIE SAAT* ERKEIMT,
DIE FRÜCHTE MEINES HANDELNS REIFEN.

INHALT

Mein Stückchen
Erde

MEIN STÜCKCHEN ERDE IM WEINLAND

DAS KLEINE NEST, in dem ich heute lebe, liegt im niederösterreichischen Weinviertel, neun Kilometer nördlich von Tulln, im westlichen Zipfel des Bezirks Korneuburg, an der alten Kremser Straße und hat nicht einmal 200 Einwohner. In der Früh zwitschern die Amseln, Spatzen und Meisen, gurren die Tauben, gackern die Hendln und krähen die Hähne.

Von meinem Küchenfenster aus erkenne ich bei guter Fernsicht den Ötscher, rieche den Duft von blühenden Linden. Hinter meinem Haus liegt eine versteckte, kleine Kellergasse mit dem lustigen Namen „Bunschograben", die früher „Busserlgraben" genannt wurde. Warum, lässt sich erraten. Vor meinem Haus geht's über den Roßberg ziemlich steil den Wagram hinunter, im Schatten von Akazien, Hollerbüschen, Nussbäumen und Eschen. Die Straße führt ins weite Land hinein, mit fruchtbaren Feldern voller Zuckerrüben, Weizen, Mais, Kartoffeln und Sonnenblumen. Auf der Schlossweide grasen Schafe. Wenn ich mich hoch oben in den Weinbergen auf die Wagramkante stelle, überblicke ich das ganze Tullner Feld – die Kornkammer Niederösterreichs. Zur linken Hand begrenzt mein Blickfeld der Ort Greifenstein, wo ich aufgewachsen bin, wo mein Elternhaus steht.

Mancher würde sagen, dass hier nicht allzu viel los ist. Das stimmt. Es herrscht kein Straßenlärm, es gibt keine Baustellen, es führen keine Autobahnen vorbei und die Menschen sind eher gelassen. Sie lieben die Hektik nicht besonders. Und das ist gut so. Fleißig sind sie trotzdem und hilfsbereit. Die kleinen Kinder grüßen meist auf der Straße. Es wird viel gelacht und alle lieben den Heurigen, wo noch bedient wird und der Gast König ist. Mit dem Rad kann ich die Natur des Lößes und seine schönen Landschaften erfahren, die gute Luft atmen und bei Bedarf nach Rückzug in den Kellergassen „hinter die Erd'" gehen. Die Beschaulichkeit und Sanftmut der Gegend gibt mir Gelegenheit zur Muße und zur Kreativität gleichermaßen.

Lavendel

21
35

DER GARTEN HAT MICH GEFUNDEN

EIN GÜTIGES SCHICKSAL hat mir mein Haus und meinen Garten beschieden. Als ich vor 16 Jahren mit meiner halbwüchsigen Kinderschar nach der Trennung von meinem Ehemann hierher zog, bestand der Garten aus einer Wiese, auf der zwei Hunde getobt hatten, aus einem verwachsenen Biotop mit quakenden Fröschen und Kröten, Sträuchern, die in der Wiese emporwuchsen, und Rasenglatzen zierten das Grün. Dennoch: Als ich meinen Garten zum ersten Mal gesehen habe, spürte ich trotz der mangelnden Aufmerksamkeit, unter der er litt, seine ungewöhnlich sympathische und heimelige Ausstrahlung. Die Mauer, die ihn zum Nachbarn hin abgrenzte, gab ihm zusätzlich romantische Intimität und Abgeschlossenheit. Das Haus, das ihn in L-Form umschloss, verlieh ihm den Charakter eines Wohnzimmers, im Osten begrenzt von einer Wand hoher Bäume. Ein Garten, den man ebenerdig betreten konnte, ein kleines Paradies, das nur auf den richtigen Gärtner gewartet zu haben schien.

ZEIG MIR, WO DU WOHNST, UND ICH SAG DIR, WIE DU BIST

Dann ging es los. Mein Sohn Ludwig und meine Tochter Stefanie besuchten damals noch die Gartenbauschule Langenlois, beide waren bereits als Kinder leidenschaftliche Gärtner. Wir waren uns einig, dass ein verwachsenes Biotop nicht zum alten Bauernhaus passte. Also beschlossen wir, an seiner Stelle einen Bauerngarten anzulegen mit rundem Mittelpunkt, Wegkreuz und einer Hecke aus Buchsbaum. Forsythie und Zierapfel, die mitten in der Wiese standen und den Garten optisch verkleinerten, gruben wir aus und verschenkten sie. Beim Schwimmbad fielen einige Sommerflieder dem Spaten zum Opfer. Ein Weidenbaum, der zu dicht an Akazie und Rotdorn gepflanzt worden war, wurde umgesägt. Am Ende der „Gredn", wie man den Gang unter dem vorgezogenen Dach des Stalles nennt, pflanzte ich meine geliebte Blauregen, die im Frühling Jahr für Jahr die Bienen und Hummeln umschwärmen.

Die Gestaltung des Gartens dauerte viele Jahre. Immer wieder kamen neue Ideen, neue Pflanzen dazu. So „wuchs" der Garten langsam und mit ihm auch die Erfahrung. Vieles wurde ausprobiert, manches wieder verworfen. Ich ließ ein Rondeau pflastern und bepflanzte den schmiedeeisernen Pavillon darauf mit rosa gefüllten Schlingrosen. Constance Spry heißt die wunderschöne Rosensorte. Ihren Namen erhielt sie von der ersten Floristin, die in England ein Blumengeschäft eröffnete und danach jahrzehntelang die Dekorationen für das Königshaus fertigte. Die Rose blüht nur einmal im Jahr, dafür aber umso prächtiger.

EIN GARTEN OHNE KINDER IST WIE EIN FELD OHNE FRÜCHTE

Meine Kinder haben mir damals geholfen, aus unserem Garten einen Ort zum Wohlfühlen und Feste Feiern zu machen. Da war Stefanie, bei der jeder Handgriff überlegt war und die aus ein paar Wiesenblumen herrliche Sträuße zauberte. Als Floristin dekorierte sie immer, verschönerte Haus und Garten mit pfiffigen Ideen. Ludwig, der eine ganz bestimmte Vorstellung davon hatte, wie der Garten aussehen sollte. Welche Buchsart etwa als Begrenzung gut geeignet war. Der „Blaue Heinz" musste es sein, denn der „wächst dicht und hat bläulich schimmernde Blätter." Als in einem strengen Winter vier Blaue Heinze erfroren und ich einfach einen normalen grünen Heckenbuchs nachsetzte, zeigte sich Ludwig wenig angetan. „Mama pfuscht wieder", dachte er wahrscheinlich und wechselte die Buchse kurzerhand aus.

Ludwig war überhaupt der Gärtnermeister par excellence. Er grub händisch mit dem Spaten die Künette für die Schläuche der automatischen Bewässerung und installierte sie dann fachmännisch. Er war erst 15 Jahre alt, kannte sich aber in fast allen Bereichen aus. Er richtete mir die Computer ein, kümmerte sich um Technisches wie Elektrizität im Haus und Beleuchtung im Garten. Stundenlang saßen wir oft abends im Garten, bis es finster wurde, und überlegten, was wir noch schöner machen konnten. Spaliere an der Wand? Efeu zum Beranken oder sollten wir doch die Mauerkatze wählen? Vielleicht das Holz in Türkis-Blau streichen, passend zu den Fenstern und Türen des Hauses? Meine allzu unrealistischen Ideen „entblumte" er charmant und liebevoll. Ludwig entpuppte sich so als bester Gesprächspartner für Gartenbelange und er liebte es, mit mir den Garten zu formen. Die Grundstruktur der heutigen Anlage ist „auf seinem Mist gewachsen."

Dann war da noch Michael, der schon immer Mime werden wollte. Er hat mir als Volksschulbub getopfte Sträucher wütend vor die Füße geknallt und dabei theatralisch zum Besten gegeben: „Und eines sag ich Dir, so wahr ich hier stehe. Ein Gärtner werde ich nie!" Er hat recht behalten: Er wurde Schauspieler. Aber auch er hat im Garten oft Bäume geschnitten, Rosen eingesetzt und Erde geschleppt. Die geprägten Ziegeln im Bauerngarten verlegte er mit viel Geschick und war stolz darauf, weil die Wege so hübsch geworden waren.

Seine Schwester Theresia, genannt Resi, musste ihren Geschwistern immer zur Hand gehen, ob sie wollte oder nicht. Dass drei arbeiten und einer zuschaut – das ist unter Geschwistern ein Ding der Unmöglichkeit! Aber Resi spielte lieber mit ihren Tieren als mit Unkraut. Ihre Lieblingskatze, die „Gräfin von Stetteldorf", genannt Mutzi, durfte sogar bei ihr im Bett schlafen. Ihre sieben Hasen waren zum Glück im Käfig und wurden nur zum Auslauf gelegentlich auf die Wiese gelassen. Abends hieß es dann Hasensuchen, weil sie sich

überall im Garten versteckt hatten. Meine älteste Tochter Anna studierte damals schon in Wien und lebte im Haus meiner verstorbenen Großmutter in Greifenstein. Sie besuchte uns an den Wochenenden.

Meine ersten vier Kinder – Anna, Stefanie, Ludwig und Michael – wurden im Abstand von jeweils ca. 11 Monaten geboren, die beiden Mädchen sogar im gleichen Jahr. Theresia war sozusagen eine Nachzüglerin nach vier Jahren „Babypause". Alle zusammen hatten eine riesengroße Freundesschar, die am Wochenende regelmäßig zu uns in den Garten kam, vor allem im Sommer, wenn die Gartenspaß-Saison mit einer lustigen „Schwimmbadputzparty" eingeleitet wurde. 15 bis 20 junge Leute, die sich in Nähe des Pools beim Federballspielen, Tischtennis und Volleyballspiel im Garten austobten, waren keine Seltenheit. In dieser Zeit gewöhnte ich mich daran, mich in der Küche „abzustrudeln". Denn verschiedene Strudel, gefüllt mit Faschiertem und Kraut, Äpfeln oder Topfen, gehören zu jenen Speisen, die schnell zubereitet sind und Bärenhungrige so richtig satt machen. Meist wurde dann abends beim Feuer noch Gitarre gespielt und laut gesungen – den Garten liebten alle.

Heute sind meine Kinder erwachsen und führen ihr eigenes Leben. Die Söhne haben Familien gegründet, ich bin bereits dreifache Großmutter. Es gibt auch einen kleinen Ludwig darunter, von dem ich jetzt schon weiß, dass er ein guter Gärtner wird. Vielleicht kommt er, wenn er größer ist, noch öfter zu mir in den Garten. Denn ich möchte ihm noch viel beibringen und erzählen, so wie es meine Großmutter einst tat.

„EIN GARTEN, DER MIT FANTASIE GESTALTET WIRD, *IST WIE EINE ERHOLSAME INSEL IM MEER DES LEBENS.*“

MEIN GARTENPARADIES HEUTE

STILL UND FRIEDLICH ist es hier. Weiße Gänseblümchen und gelbe Löwenzähne strecken ihre Köpfchen dem Licht entgegen. Ich liege in der Wiese, Vogelstimmen und Bienengesumm begleiten meine Gedanken im Frühlingsgarten. Charles und Katharina, die groß gewachsenen Fliederbüsche, öffnen gerade ihre langen Rispenblüten aus lila und rosafarbenen Sternen. Pfingstrose Anna hält sich knospig zurück, ihre Zeit kommt erst. Die Hummeln warten auf den großen Auftritt der Glyzinie, um sich an ihren lavendelfarbenen Blütenkaskaden zu laben. Die Zweige des Herzerlstocks wiegen sich im Wind. Sie strecken mir hunderte Herzen entgegen, die aufgefädelt zu rufen scheinen: „Im Garten erblühen Herzen!" Die Rose Augusta Luise wiederum ist neu im Garten. Vielleicht ist der Platz, den ich ihr zugewiesen habe, zu schattig; ich werde sie gut beobachten.

Die silbrig-grauen Lavendelbüsche zeigen frischen Austrieb, während sich die Kugelakazien noch zieren. Sie wollen wohl von der Sonne gebeten werden. Über meiner Laube schlägt Constance Spry lautlos ihre Hände zusammen. Die frischen, jungen Rosenblätter sind etwas errötet und verströmen einen zarten Duft. Constance ist eine sehr sinnliche Rose. Sie gehört als Engländerin zu den am stärksten duftenden Rosen, sogar ihre Blätter duften, wenn man sie sanft berührt.

Gräfin, die weiße Katze, streckt ihre Pfoten elegant über den buschigen Schopf der Katzenminze und vergräbt ihre neugierige Nase in blauen Blüten. Am schönsten aber blüht jetzt das Apfelbäumchen. Unzählige Bienen und Insekten umschwirren es. Kluges Kerlchen, denke ich, der weiß, wie man für reiche Frucht vorsorgen muss.

Mein Garten ist im Laufe der Jahre zu einem Rosengarten geworden, mit vielen Hortensien, Lavendel, Blütenstauden und Kräutern. Wie eine Schar guter Freunde umgeben mich Flieder und Heckenrosen, die Heckenkirsche und der weißblättrige Ahorn. Während ich am Rücken in der Wiese liege, öffnet sich über mir ein endloser Himmel, nur ein paar kleine Wölkchen schweben im strahlenden Blau. Es ist schön und macht glücklich, mit dem Gefühl der Dankbarkeit und Zufriedenheit im Garten zu liegen und zu träumen. Um, umgeben von Luft, Sonne, duftenden Blumen und Bäumen, ja kein Stündchen dieses Glücks zu versäumen.

Giftfrei gärtnern

GIFTFREI GÄRTNERN

DAS KLINGT KATEGORISCH. Ist es auch. Pestizide und Herbizide bedrohen das natürliche Gleichgewicht unserer Flora. Deshalb sollten wir darauf verzichten. Ich muss zugeben, bis vor ungefähr 15 Jahren habe ich nicht sehr viel darüber nachgedacht, ob es schädlich ist, meine Rosen mit Fungiziden und Pestiziden zu spritzen. Auf meinen grünen Teppich brachte ich Rasendünger mit chemischem Unkrautvernichter aus, von anderen mineralischen Düngern ganz zu schweigen.

Dann brachte das vorbildhafte Beispiel einer Freundin mich dazu, auf Gift im Garten zu verzichten. Und siehe da: Die Rosen wuchsen und blühten genauso wie vorher, der Rasen war zwar nicht ganz unkrautfrei, aber die Gänseblümchen und der gelbe Löwenzahn störten mich nicht mehr. Im Gegenteil, ich gewann sie lieb. Und ich bekam plötzlich viel Besuch: Bienen, Hummeln, Libellen, Schmetterlinge, Marienkäfer, Grünspechte und Bachstelzen, Wechselkröten und Frösche. Meine beiden Katzen Lili und Gräfin litten edlich nicht mehr unter tränenden Augen und verätzten Pfötchen wegen der chemischen Substanzen im Mineraldünger.

Ich genoss das Gefühl, in einem Garten zu leben, der frei von Pestiziden und Herbiziden gedieh. Ich ließ die Laubhaufen für Igel liegen, erntete meinen eigenen Kompost, begann den Rasen zu mulchen und ärgerte mich nicht mehr über den Girsch, sondern verwendete ihn für Salat. Giftfrei gärtnern ist, wie vieles im Leben, Einstellungssache.

VOM GIFTSPRITZER ZUM BIO-GÄRTNER

Seit diesem Zeitpunkt wurde ich eine engagierte Verfechterin des natürlichen Gärtnerns und des biologischen Pflanzenschutzes. Ich baue mit natürlichen Materialien wie Holz und Stein. Ich pflanze mein eigenes Gemüse, verzichte auf Mineraldünger und Torf. Ich habe gelernt, aus Kompost eigene Erde herzustellen. Als Journalistin ist es mir ein Herzensanliegen geworden, auch heikle Themen aufzugreifen. Mein Ziel ist, möglichst viele Menschen dazu anzuregen, sich mit dem Thema Umweltschutz auseinanderzusetzen. Umweltschutz beginnt im Kleinen, in der Küche, im eigenen Garten, am Balkon. Dazu gehört auch biologischer Anbau, für den man biologisches Saatgut verwenden kann, wie es zum Beispiel die Firma ReinSaat anbietet.

Ich denke, wir sind heute an einem Zeitpunkt angelangt, an dem es sinnvoll wird, selbst Äpfel und Birnen, Paradeiser, Salat & Co. anzubauen, weil sie uns schadstofffreie Nahrung garantieren. Vielleicht erkennen wir jetzt, dass viele pharmazeutisch erzeugte Medikamente unserem Körper auf lange Sicht schaden, während die Heilkräuter aus dem eigenen Garten zahlreiche Beschwerden lindern. Dazu müssen wir das Wissen unserer Vorfahren wieder ausgraben und uns mit der Kunst beschäftigen, Pflanzen richtig für unsere Gesundheit einzusetzen.

DER KONSUMENT BESTIMMT, WELCHE MITTEL ER ZUM SCHUTZ DER PFLANZEN EINSETZT

Wer selbst gemachte Jauchen, Pflanzentees und Nützlinge einsetzt, kann auf konventionelle Spritzmittel verzichten. Durch den bewussten Kauf von biologischen, organischen und unbedenklichen Düngern und Hilfsmitteln entscheidet der Konsument, wonach sich die Erzeuger richten müssen. Schauen Sie genau auf die Produkte, die Sie erwerben, fragen Sie nach, wenn Sie nicht sicher sind, lesen Sie die Packungsbeilagen durch. Sie sind der Kunde und bestimmen letztendlich, was Ihnen blüht!

Mein Appell richtet sich aber auch an die Profigärtner und Gartengestalter: Weg vom Gift im Garten! Wenn wir weiter so viele schädliche Pflanzenschutzmittel einsetzen, wird unser Grundwasser vergiftet, das langsam, aber sicher in die Nahrungskette gelangt. Und Wasser ist das kostbarste Gut, das wir haben! Mit dem Spritzen von Gift greifen wir in den natürlichen Lebensablauf ein und zerstören das biologische Gleichgewicht. Damit schaden wir letztendlich am meisten uns selbst. Den Nachfahren eine gesunde Erde zu hinterlassen, ist das höchste Ziel, das die Menschheit haben kann. Die Erde ist wie eine Mutter, die uns alle ernährt. Wir dürfen sie nicht mit Habgier umpflügen, mit Abfall und Giften beschmutzen, mit Undank behandeln. Erde, Luft und Wasser sind elementare Lebensspender. Erst, wenn wir Menschen gelernt haben, die Erde wie einen Schatz zu behandeln, kann sie uns gnädig an ihrem Schatz teilhaben lassen.

IN DER ZUKUNFT HEISST ES ORGANISCH DÜNGEN. ABER WIE?

In einem gesunden Boden leben unzählige tierische und pflanzliche Kleinlebewesen, die unterschiedliche Aufgaben erfüllen. Wir müssen ihn in seiner Fruchtbarkeit unterstützen und seine Struktur erhalten. Beides ist nur möglich, wenn wir auf den Kreislauf der Natur Rücksicht nehmen und uns mit ihren Zusammenhängen vertraut machen.

Der beste und günstigste Dünger im Garten ist selbst gemachter Kompost. Er regt das Bodenleben an, schafft Fruchtbarkeit, neutralisiert Säure und ist der beste Nährstoffspeicher. Im Hausgarten ganz leicht anzuwenden ist auch die Gründüngung. Säen Sie Leguminosen – also Lupinien, Wicken, Weiß- und Perserklee – und Buchweizen, Gelbsenf sowie Winterroggen oder Phazelia im Beet aus. Wenn die Pflanzen gewachsen sind, arbeiten Sie sie als Dünger in die Erde ein. Phazelia blüht sehr hübsch, eignet sich als Gründünger für alle Böden und ist eine wunderbare Bienenweide.

Auch Mulchen ist im Garten sehr wichtig: Wenn Sie Gras- oder Laubmulch aufbringen, aktivieren Sie das Bodenleben und schützen die Erde vor Austrocknen, Verkrusten und Erosion. Ein weiterer Vorteil: Der Boden ist nach starkem Regen gut begehbar. Als weitere organische Dünger bieten sich Hornmehl, Hornspäne, Rinderdung oder Knochenmehl an.

Die Voraussetzung für Bodenfruchtbarkeit ist bester Humus. Er ist die wichtigste Nahrungsquelle für alle Mikroorganismen, die in der Erde leben und auf die Pflanzen wirken. Wenn es an Humus mangelt, ist der Boden unbelebt, kann kein Wasser halten, und es gibt keinen Gasaustausch. Bei der Düngung mit anorganischen, chemischen Düngern nimmt die Pflanze den Stickstoff, Phosphor, Kali usw. über die Wurzeln in wasserlöslicher Salzform durch Ionen auf. So füttern wir zwar die Pflanze, aber nicht den Boden. Noch dazu „pushen" wie sie durch eine Zwangsaufnahme von Nährstoffen mit Stoßwirkung. Wir glauben ihr Gutes zu tun, doch in Wahrheit verabreichen wir ihr einen gefährlichen Cocktail, der übereiltes, unnatürliches Wachstum hervorruft, die Zellwände schwächt und die Widerstandskraft gegen Schadinsekten und Pilze mindert. Schnell löslicher Stickstoffdünger führt außerdem zu einem Abbau des Humus. Bei der organischen Düngung wird im Gegensatz dazu die lebendige Zusammenarbeit zwischen Boden und Pflanze gefördert. Die Nährstoffaufnahme erfolgt hier nicht durch Ionen, sondern durch Moleküle. Im Wurzelbereich findet dabei ein ausgewogenes Geben und Nehmen statt.

DIE ZUKUNFT BEDEUTET ARTENVIELFALT UND ÖKOLOGISCHES GLEICHGEWICHT

Im Pflanzenreich ist es ähnlich wie bei uns Menschen: Es kann die schönste Pflanze nicht gedeihen, wenn es dem Nachbarn nicht gefällt. Tomaten vertragen sich nicht mit Kartoffeln. Die Zucchini „streitet" mit dem Salat, Fenchel und Erbsen beißen sich heftig und Radieschen mögen keine Gurken. So wird das Wissen um die richtige Nachbarschaft im Gemüsegarten die wichtigste Grundlage für den Pflanzenschutz. Wenn Sie passende Partner gemeinsam anpflanzen und die Fruchtfolge regelmäßig wechseln, wenden Sie bereits die ersten Vorbeugemaßnahmen gegen Schädlinge an.

Ein Garten lockt viele Tiere an. Insekten, die wir vielleicht voreilig als Schädlinge betrachten, sind in Wahrheit sehr nützlich. So fressen Schwebfliegen, Ohrwürmer, Schlupfwespen und Marienkäfer die lästigen Blattläuse. Durch das Aufstellen von Insektenhotels im Garten und den gezielten Einsatz von Nützlingen halten sie das ökologische Gleichgewicht aufrecht. Solche Insektenhäuschen kann man selbst basteln oder im Fachmarkt kaufen.

Auch die richtige Bepflanzung bietet den kleinen Gartenhelfern vielfältigen Unterschlupf. Am besten eigenen sich dafür heimische Pflanzen und Wildobst. Hecken aus Wildgehölzen wie Weißdorn, Dirndlstrauch, Hainbuchen, Schlehen und

Hagebutten bieten Lebensraum für Schmetterlinge und Falter. Wenn der Boden im Winter unter den Sträuchern dick mit Laub bedeckt ist, können die Tiere darin überwintern. Steinhaufen und Trockensteinmauern im Garten sind ein perfekter Unterschlupf für Käfer, Igel, Eidechsen und Hummeln. Singvögel, Laufkäfer und Spinnen verstecken sich in Holzhaufen. Ein Laub- oder Reisighaufen erfreut die Igel. Wenn Sie Blumentöpfe mit Holzwolle oder Stroh füllen und verkehrt an einem Ast aufhängen, verstecken sich die Ohrwürmer darin, die nachts Jagd auf Blattläuse machen.

Mit Nektarpflanzen wie Reseda, Steppensalbei, Thymian oder Mauerpfeffer locken Sie zusätzlich Insekten an. Aber auch Wildkräuter in einem „wilden Eck" im Garten sind ein wahres Paradies für Nützlinge. Überlassen Sie die Bekämpfung der Blattläuse Ihrer „Pflanzenpolizei" im Garten – es funktioniert! Ein einziger Marienkäfer frisst pro Tag 150 Blattläuse, seine Larve bis zu 800 Stück. Und ein erwachsener Ohrwurm bringt es auf 120 Blattläuse täglich. So wird Gift überflüssig.

Durch Auflockern, Gießen und mäßige Verwendung von organischem, umweltfreundlichem Dünger in Kombination mit Gründüngung, Mulchen und Kompost habe ich ideale Bedingungen für meinen Gartenboden geschaffen. Ich mähe den Rasen ohne Grasfangsack und lasse das zerkleinerte Gras und Laub auf dem Rasen liegen. Das hält den Boden feucht und schützt die Humusschicht vor starkem Regen und Wind. Mein Kompost ist mein „schwarzes Gold". Er speichert durch seine krümelige Beschaffenheit das Wasser und belebt den Boden mit Mikroorganismen und Nährstoffen. Wer Kompost selber macht, spart Abfallgebühren und hat immer genug Erde und gesunden Dünger rasch zur Hand.

Die Devise der Gartenzukunft heißt: Leben und leben lassen! Der aufgeräumte, sterile Thujengarten sollte der Vergangenheit angehören. Zeitgemäß sind Naturgärten, in denen Beikäuter gezielt eingesetzt werden, in denen Artenvielfalt herrscht und in denen Holzhaufen, Steine, Wasser, Bienenweiden und heimisches Obst allen Lebewesen paradiesischen Lebensraum bieten – ganz ohne Gift! Vor allem die ältere Generation sollte umdenken. Wie oft kam Besuch in meinen Garten und bemerkte voller Missbilligung: „Na, die Brennnesseln sind bei Ihnen ja ganz schön hoch!" Ja, ich lasse sie wachsen, denn ich brauche sie für Brennnesseljauche, die meine Pflanzen stärkt. Woher kommt nur diese Einstellung, dass alles im Garten edel, in Form und penibel sauber sein muss? Manchmal ärgere ich mich sehr darüber.

EINST UND JETZT. DER GARTEN DER ZUKUNFT

Werfen wir einen Blick in die Vergangenheit, bevor wir in den Garten der Zukunft schauen: In Europa war das 20. Jahrhundert von zwei Weltkriegen geprägt. Der Garten war in der Zwischenkriegszeit und nach 1945 in erster Linie ein Nutzgarten, der die Menschen mit Nahrungsmitteln versorgte. Wer ein Stückchen Erde sein Eigen nannte, baute Gemüse, Kräuter, Obstbäume und

Beerenobst an. Im Vordergrund standen Selbstversorgung und die möglichst ertragreiche Nutzung des Bodens im Hausgarten.

Als die Wirtschaft nach dem Zweiten Weltkrieg wieder in Schwung kam und die Versorgung der Bevölkerung durch die Nahrungsmittelproduktion gesichert war, veränderte sich auch das Bild des Gartens. In den 1960er Jahren begann man in ganz Europa mit der Züchtung von Hybrid-Pflanzen. Pflanzenexperimente wurden durchgeführt, neue Rosensorten gezüchtet und Pflanzenkaufhäuser schossen wie die Schwammerl aus dem Boden. In den 1980ern und 90ern begannen auch Baumärkte die boomende grüne Branche zu entdecken und verkauften neben Bohrern und Wandfarben die Pflanzen für den Garten gleich mit. Viele Hobbygärtner umzäunten ihr Stückchen Erde mit Nadelgehölzen, die bald zu Dumpingpreisen überall angeboten wurden. Die Topfkultur vereinfachte den Handel mit Pflanzen, der Wegfall der Zölle ließ die Preise in den Keller purzeln. Mancher Gärtner, der bislang von der Produktion gelebt hatte, verlegte sich auf den Handel. Modern und en vogue waren damals kurz geschnittene, möglichst unkrautfreie Rasenflächen, eine Hecke aus Smaragdthujen oder blauen Säulenzypressen und einige Sträucher, die möglichst wenig Arbeit machen sollten.

Um das Jahr 2000 erreichte der Garten dann den Rang des Statussymbols: schickes Haus, schickes Auto, schicker Garten. Man ließ sich den Garten etwas kosten und vorzugsweise von Profis gestalten. Hoch im Kurs standen Geradlinigkeit, teure Solitärgehölze und ausgefallene Gefäßformen. Alles sollte möglichst modern aussehen. Ob die Pflanzen wirklich in den Gefäßen wachsen konnten, war Nebensache.

DER AUFGERÄUMTE GARTEN MIT ROUNDUP UND THUJEN IST VERGANGENHEIT

Viele Jahrzehnte hindurch wurden in unseren Gärten bedenkenlos giftige Unkrautvernichter und Pflanzenschutzmittel gespritzt, Wege und Plätze mit dem genschädigenden Roundup besprüht, mineralische Dünger ausgebracht. Jeder tierische Schädling, jeder Pilz wurde ohne Pardon mit Gift bekämpft. Der Garten des ausgehenden 20. Jahrhunderts war ein aufgeräumter, steriler Garten mit Zierrasen und fremdländischen Gehölzen, ohne Sinn für die heimische Fauna.

Heute jedoch sind wir an einem Punkt angelangt, der uns zwingt, über die Sinnhaftigkeit des Handelns in den vergangenen Jahren nachzudenken. Luft- und Gewässerverschmutzung sind ein ernstes Problem, das ebenso wie die Unsinnigkeit der langen Transportwege unserer Nahrungsmittel zunehmend mehr Menschen bewusst wird. Immer mehr Konsumenten wollen gesundes Obst und Gemüse. Sie wollen wissen, was sie essen und – wenn möglich – zehn verschiedene Paradeisersorten kosten. Nicht nur jene eine Sorte, die uns ganzjährig im Supermarkt als „tomatäre Geschmacklosigkeit" angeboten wird. Deshalb kehren wir um. Das ist gut so.

Der Garten der Zukunft ist ein giftfreier Naturgarten, der Leben spendet. Ein Garten, in dem Menschen, Tiere und Pflanzen in Harmonie und zum gegenseitigen Nutzen miteinander leben. Ein Garten, in dem mit selbst gemachten Jauchen, Pflanzentees und Nützlingen allen giftigen Spritzmitteln der Kampf erklärt wird. Im Garten der Zukunft werden biologische, organische Dünger, Nützlinge und natürliche Hilfsmittel eingesetzt statt schädlicher Substanzen, die Erde und Grundwasser vergiften.

Der Garten der Zukunft will ein Schatz sein, den wir getrost der Nachwelt übergeben können. Und er ist ein Garten der Erkenntnis: Zu lange schon haben wir die Erde in der Vergangenheit mit Habgier umgepflügt, sie mit Abfall und Giften beschmutzt und mit Undank behandelt. Deshalb wird der Garten der Zukunft ein Garten sein, der Ja zum Leben sagt. Ein Garten, der das Überleben von Bienen und Vögeln, von Insekten und Kleinstlebewesen, von Menschen und Tieren zur Aufgabe hat.

WAS TUN GEGEN UNGELIEBTE „GÄSTE“?

IN MEINEM GARTEN STELLEN sich zuweilen auch Gäste ein, über die ich weniger erfreut bin. Wenn mein schöner weißer Schneeball im Frühling schwarz wird vor Läusen oder meine frischen Rosenblätter ihrer Fressgier zum Opfer fallen, schmerzt mich das sehr.

Mit Wühlmäusen und Maulwürfen komme ich zurecht, aber die Nacktschnecken jagen mir einen ordentlichen Schrecken ein. Sie verschlingen das frische Basilikum in einer Nacht, knabbern den Salat an, fressen meine Petunien ohne Scham und noch dazu vermehren sie sich unglaublich schnell.

Vor einigen Jahren hat mein Liebster in einem starken Schneckenjahr gezählte 700 Nacktschnecken von der Wiese eingesammelt. Auch Fliegen, Gelsen, Wespen, Ameisen, Buchsbaumzünsler und Co. können uns die Freude am Garteln fast verderben.

Was kann man gegen die ungeliebten „Gäste“ tun, ohne Gift zu spritzen, ohne nützlichem Getier zu schaden? Die gute Nachricht ist: Auch gegen Ungeziefer ist ein Kraut gewachsen. Es gilt wie immer im Leben die Devise: Wenn man weiß, wie's geht, wird's leichter!

AROMAKRÄUTER GEGEN UNGEZIEFER

Kräuter mit starkem Aroma nannte der Volksmund „Schmeckkräutln“. Sie vertreiben nicht nur Krankheiten und Schädlinge, sondern locken auch nützliche Insekten an. Wenn sie als Begleitpflanzen richtig eingesetzt werden, wirken sie durch ihren starken Geruch abwehrend gegen Ungeziefer.

Echte Kamille und Fingerhut gehören zu dieser „Pflanzenpolizei“, weil ihre Wurzeln ein Tonikum absondern, das geruchsempfindliche Insekten vertreibt.

Der intensive Geruch des Knoblauchs verschreckt Läuse und Wanzen. Tagetes zwischen Tomaten vertreibt Nematoden und Rainfarn zwischen Obstbäumen hält Fruchtfliegen fern. Die stark riechenden Blätter aromatischer Kräuter enthalten Öle, die auch im Haushalt gegen allerlei Ungeziefer eingesetzt werden können. So vertreibt der stechende Geruch von Pfefferminze, Beifuß und Wermut, der Duft von Heiligenkraut und Rainfarn lästige Motten und Ameisen.

BIOLOGISCHE MITTEL GEGEN BLATTLÄUSE UND PILZBEFALL

Mit Spritzbrühen aus aromatischen Pflanzen lassen sich ganz hervorragende Erfolge erzielen. Da beginnt der Umweltschutz im Kübel! Sie brauchen nicht mehr als Wasser, einen Kochtopf, einen Kübel, eine Spritze und die passenden Kräuter. Hier einige nützliche Rezepte für, tja, man sagt „Jauchen" dazu – und das ist auch verständlich, denn die Brühen stinken tatsächlich. Doch ihr Nutzen macht diesen Faktor sicher wett.

KNOBLAUCH gegen Blattläuse: 1 Liter kochendes Wasser über 5 zerstoßene Knoblauchzehen gießen und die Brühe 15 Minuten ziehen lassen. Abseihen und nach dem Abkühlen mit ein paar Tropfen Spülmittel (als Netzmittel) versetzen. Auf die Blätter von Pflanzen spritzen, die von Blattläusen befallen sind.

RAINFARN-TEE hilft gegen Spinnmilben und Blattläuse: Ca. 300 g frischen oder 30 g getrockneten Rainfarn mit 10 Liter kochendem Wasser übergießen, 15 Minuten ziehen lassen und abseihen. Nach dem Abkühlen 1:3 mit Wasser verdünnen und befallene Pflanzen damit spritzen.

ACKERSCHACHTELHALM wächst wild auf Uferböschungen und kostet nur die Mühe, ihn zu sammeln. Eine Jauche aus Ackerschachtelhalm hilft gegen Mehltau, Rost und Schorf: Weichen Sie etwa 200 g Ackerschachtelhalm 24 Stunden in 10 Liter kaltem Wasser ein. Kochen Sie die Brühe 30 Minuten lang auf. Nach dem Erkalten abseihen, im Verhältnis 1:5 mit Wasser verdünnen. Vormittags spritzen.

KRÄUTER FÜR NÜTZLICHE BESTÄUBER

Bienen und Schmetterlinge bestäuben Pflanzen und sorgen so für den Bestand der Arten. Zwei wichtige Garanten für diese Befruchtung sind so genannte Bienenweiden und Schmetterlingspflanzen. Ich versuche immer, möglichst viele davon in meinem Garten zum Blühen zu bringen: Katzenminze, Palmkätzchen, Sonnenblumen, Schafgarben und Mohn. Dille, Kamille und Petersilie locken besonders Florfliegen an. Und die haben Blattläuse zum Fressen gerne. Der Kreis schließt sich – öko-logisch!

Bienen fliegen auf farbenkräftige und stark riechende Blüten. Die Farbe Gelb lockt sie besonders an. Der Anbau von Katzenminze, Mädesüß, Schlüsselblumen, Reseda, Zitronenmelisse, Thymian, Baldrian und Ysop verwandelt den Garten in eine attraktive Bienenweide, in der auch Hummeln fleißig mitbrummen.

Schmetterlinge reagieren auf Nektarpflanzen mit starken Düften. Auf Nesseln, Disteln, Hundsveilchen und Wiesenschaumkraut fliegen sie besonders gerne. In dichten Efeuranken können sie sehr gut überwintern. Neben Ysop und Lavendel sind Narzissen, Geißblatt und Sommerflieder ihre bevorzugten Landeplätze.

Tipp

GIFTIGE, CHEMISCHE SPRITZMITTEL STINKEN OFT NOCH MEHR ALS PFLANZENJAUCHEN – UND BRINGEN SICHER AUCH DIE NÜTZLINGE UMS LEBEN. ABER WIR HABEN ALTERNATIVEN!

Reiben Sie Ihre Fenster und Türrahmen mit Blättern von Holunder, Kamille oder Basilikum ein! Das riecht angenehm – und hält die lästigen Fliegen fern.

Ihre Bücher „miachteln" schon? Kein Problem – neben öfter rausnehmen und lesen hilft, Waldmeisterblätter zwischen die Buchseiten zu pressen. Der modrige Geruch verschwindet.

In der Küche helfen frische Lorbeerblätter gegen Getreidekäfer, die sich gern in Weizenmehl und Grieß einschleichen. Auch Reis und Hülsenfrüchte kann man mit Lorbeer vor „lästigen Gästen" bewahren.

Ysop, Rosmarin, Thymian und Salbei sind im Gewächshaus erfolgreich gegen Ungeziefer.

Gegen Fliegen hilft Basilikum.
Bohnenkraut wirft Läuse um
ebenso wie der Salbei –
und keine Laus legt mehr ein Ei.

Minze und Beifuß verduften die Flöh'
beim Ysop geht jeder Schneck' in die Höh'!

Von Gartenmenschen

DAS BILD MEINER GROSSMUTTER

VON ALLEN MENSCHEN, die mich in meiner Kindheit betreuten, hatte meine Großmutter den stärksten Einfluss auf meinen Werdegang und mein Leben. Deshalb darf ihre Geschichte in diesem Buch nicht fehlen.

Meine Großmutter Anna Maurer kam 1916 als Tochter eines Schusters in St. Andrä Wördern in Niederösterreich zur Welt. Damals wurden Kinder mit Hilfe einer Hebamme zu Hause entbunden. Die Hebamme hieß Hermine Kerschbaum und nannte jedes neugeborene Mädchen Susi. Wie hätte sie sich auch alle Namen der Kinder, die sie ins Leben holte, merken können? Meiner Großmutter blieb der Name „Susi", obwohl in ihrem Taufschein Anna stand. Sie wuchs mit zwei Brüdern neben der Schusterwerkstatt des Vaters auf, die nur durch eine Tapetentüre vom Wohnraum getrennt war. Es duftete dort nach Leder, in der Werkstatt standen Leisten aller Schuhgrößen aufgereiht am Regal. Vater Josef Krutisch saß mit seiner Arbeitsschürze am Schusteramboss und klopfte Nägel in die Sohlen.

Reich waren sie nicht, aber es gab genug zu essen und genug Arbeit. Beim Besuch der Bürgerschule war „Susis" Lieblingsfach Biologie und sie merkte sich ohne Mühe lateinische Namen. Dieses Talent blieb nicht unentdeckt. Kommerzialrat Gebhardt bot ihr eine Lehrstelle in seiner Gärtnerei an. Dank ihrer geschickten Hände wurde meine Großmutter bald im Wiener Stadtgeschäft als Floristin eingesetzt. Zum Kundenkreis gehörten viele Künstler. Nicht selten bekam sie statt Trinkgeld Theaterkarten. So wurde die Operette zu ihrer Leidenschaft.

In der Gärtnerei war auch ein Gärtnerlehrling namens Josef Maurer, der ihr Herz gewann. Die beiden heirateten und zogen nach Greifenstein, wo bald darauf meine Mutter und ihre beiden Brüder zur Welt kamen. Damals wohnten am Land in vielen Häusern zwei Generationen unter einem Dach, die Großfamilie hatte einen hohen Stellenwert. Sie war ein Nest, in dem so manches schwache Küken aufgefangen wurde, und in dem unterschiedliche Wesen lernen mussten, ein Leben lang miteinander auszukommen.

Als der Zweite Weltkrieg kam und die Männer einrückten, hielten die Frauen zu Hause die Stellung. Eine Ziege und ein paar Hühner waren in dieser Notzeit wie eine Lebensversicherung, eine Garantie, nicht zu verhungern. Als Großvater Josef mit einem schweren Lungenleiden aus dem Krieg heimkehrte, war meine Mutter fünf Jahre alt und kannte ihren Vater kaum. Er starb früh, meine Großmutter wurde mit 48 Jahren schon Witwe. Sie hat nie wieder geheiratet.

„MEINE GROSSMUTTER WAR EINE GÄRTNERIN MIT HAUSVERSTAND, WITZ UND EMSIGEN FLEISS.“

Nach dem Krieg eröffnete sie in Greifenstein ein Gemüsegeschäft. Sie stand dort täglich hinter ihrer Budel, wo es nach frischen Äpfeln duftete, Mandarinen und Orangen neben Salaten in Holzkisten lagen. Hinter dem Verkaufsraum war ein Erdkeller für Kartoffeln, Karotten und Zeller. Holzfässer mit Deckel enthielten frisches Sauerkraut und in Essigwasser eingelegte Salzgurken. Plastiksackerl gab es damals noch nicht, die Kartoffeln wurden in Papierstanitzel gesteckt und auf einer Balkenwaage gewogen. Den Preis von Zwiebeln und Roten Rüben notierte man mit Bleistift auf einem Block und zählte alles zusammen – im Kopf, denn eine Rechenmaschine konnte sich ein kleiner Greißler kaum leisten.

Ich liebte es, meiner Großmutter im Geschäft zu helfen: Erbsenschoten wiegen, Petersilie bündeln, Eislutscher schlichten und den Kunden mit „Bittesehr“ und „Dankeschön“ ihre Ware zu übereichen. Die Leute, die zu meiner Großmutter kamen, kauften aber nicht nur ein. Das Geschäft war Treffpunkt für Gespräche. Obwohl sie Vertrauliches wusste, habe ich nie erlebt, dass sie schlecht über jemanden sprach oder eine Herzensangelegenheit weitererzählte.

Meine Oma hatte Humor und lachte viel. Ich machte mir als Kind einen Spaß daraus, ihre verschiedenen Lieferanten nachzumachen. Kaum hatten sie die Türe hinter sich geschlossen, watschelte ich etwa mit O-Beinen durchs Geschäft oder machte ihre Stimmen nach. Darüber hat sich Oma köstlich amüsiert. Wenn sie mich aufforderte: „Geli, mach den Zischek“ war ich in meinem Schauspiel-Element! Omas Applaus bestärkte mein komisches Talent. Ich liebte es, wenn sie über mich lachte.

Meine Großmutter konnte auch fantastisch kochen. Während sie aus frisch gepresstem Kartoffelteig kleine Nudeln formte, rezitierte sie Balladen von Schiller und Goethe. Ich hing fasziniert an ihren Lippen. Wenn sich die Melodie der Dichtersprache mit dem Rhythmus des Nudelwutzelns vermischte, überkam mich selige Wonne. Diese sinnlichen Impulse wurden noch von himmlischen gustatorischen und olfaktorischen Genüssen gekrönt, denn die Mohnnudeln landeten dann mit Zucker überpudert und köstlich duftend auf meinem Teller!

Von vielen Gedichten, die meine Großmutter auswendig konnte, gab es spezielle Fassungen, die zum Vortrag kamen, wenn sie wenig Zeit hatte. So lautete Schillers „Der Taucher“ in ihrer Schnellversion: „Gluck, gluck, gluck; weg war er!“ Ich weiß nicht, wie viele Lieder und Geschichten sie kannte. Ich habe sie nie gezählt – aber ich wurde damit gefüttert! Seit der Kindheit sind Germbuchtln und Hollerkoch

für mich untrennbar mit der schönsten Poesie verbunden, beflügeln meine Seele und inspirieren meinen Geist.

Als ich selbst später ein Gartencenter leitete, war meine Großmutter meine größte Hilfe und meine konstruktivste Kritikerin. Etwa, wenn sie meine Verschwendung bemängelte oder die zweifelhafte Qualität der Zyklamen sehr kurz und pointiert kommentierte: „Beim Gebhardt haben wir schönere gehabt!" Zu Weihnachten band sie mir fürs Geschäft die schönsten Zwerg-Christbäume von Hand, aus blauem Tannenreisig, die sie dann in Gips eintopfte und mit kleinen Kerzen und Maschen verzierte. Eine Technik, die niemand so perfekt beherrschte wie sie.

Meine Großmutter wurde 83 Jahre alt und hat bis zu ihrem Tode immer gearbeitet und jeden Tag gekocht – warm, versteht sich, denn sie sagte: „Einmal am Tag muss der Mensch etwas Warmes zu essen haben." Sie ging fast nie zum Arzt und hasste jeden Aufenthalt im Spital. Den Darmkrebs, der ihr das Leben nahm, hat sie lange vor

ihrem Tod schon gespürt. Sie hat ihn getragen, so wie die vielen Geheimnisse, die ihr anvertraut wurden, hat nie geklagt, selten gejammert.

Als wüsste sie Bescheid um ihre letzte Stunde, hinterließ sie ihr Hab und Gut wohl geordnet und sorgsam geschlichtet. Sie hasste Verschwendung. Mir hat sie mehrere Kartons aufgehoben, mit Bucheckerln, Mohnkapseln, Zapfen, Ketten, Kerzen, Perlen und anderem Schmuck für Adventkränze. Die alten Bänder waren glatt aufgebügelt und sortiert, fertig zur Wiederverwendung. Dieses blumenbinderische Erbe nahm ich als letzte Botschaft an. Ich bemühe mich bis heute, ihrem Vorbild zu entsprechen.

Das Bild meiner Großmutter hängt auf einem Ehrenplatz in meinem Haus, gleich neben der Statue der Muttergottes, und erfüllt den Raum mit tröstender Wärme. Meine Großmutter ist nie wirklich gestorben. Sie lebt in Gedanken weiter, in vielen Bildern der Erinnerung. Sie spricht auch heute mit mir in ihrer einzigartigen, humorvollen Muttersprache, so wie früher. An dieser Stelle würde sie vielleicht sagen: „Mach's Kastl zua! Für heut' is gnua!"

AN DIE GELIEBTE GROSSMUTTER

I WOLLT' DIR ZUM SCHLUSS *AN KRANZ NO MACHEN*,
WEIL I SO GERN G'HÖRT HÄT' *DEI FRÖHLICHES LACHEN.*
ABER JETZT BLEIBT *NUR DIE ERINNERUNG* MEHR
UND DIE ROSEN GEHEN DEM SARG HINTERHER.

IM NACHRUF DEIN LEBEN WAHR *ZU INTERPRETIERN*,
BRAUCHT'S KA VERMÖGEN *ALS A HERZ UND A HIRN.*
DEIN LEBEN, OMA, *SO EDEL*, *BESCHEIDEN* UND *SCHLICHT*,
WAR A MELODIE AUS DEM VOLK UND A LIEBESGEDICHT!

VERWURZELT UND VERWACHSEN *WARST WIA A BAM*,
IMMER *BODENSTÄNDIG UND STARK*, IMMER *DAHAM*,
IMMER *AUFRECHT UND GRAD*, *REDLICH UND RECHT*
MIT AN HERZ FÜR DIE MENSCHEN, GÜTIG UND ECHT.

DEIN WESEN WAR FEST MIT DER *ERDEN VERBUNDEN*
UND MANCHE *SCHICKSALSSCHLÄGE UND WUNDEN*
HAST DU TAPFER, GEDULDIG UND *IN DEMUT ERTRAGEN*
IN *EINSAMEN NÄCHTEN* UND GANZ *SCHWEREN TAGEN.*

NIE HAST DU *A ARBEIT*, WAS *MÜHSAMES G'SCHEUT*,
HAST, WAS DIR *PFLICHT* WAR, *AUFOPFERND BETREUT.*
DIE LIAB UND HILF', DIE DU DEI LEBTAG HAST GEBEN,
WIRD IN *JEDEM MENSCHEN* VON SELBER *SCHON REDEN* –
IN *SEIM HERZEN*, DAS *IN TREUE AN DIR HÄNGT*
UND DEINER IN *STILLE UND TRAUER* GEDENKT.

WANN DU JETZT GEHST, HINTERLASST AUF DER ERD'
A *VERMÄCHTNIS* VON AN WEIT *GRÖSSEREN WERT*
ALS *DER REICHSTE MENSCH* AUF DER WELT *KÖNNT' GEBEN:*
DEIN *TUAN UND WIRKEN*, DEIN *SCHAFFEN IM LEBEN*,
DAS IN *STILLER GRÖSSE* UND *EDLER BESCHEIDENHEIT*
ALS VORBILD UND BEISPIEL, ALS *ERBE UNS BLEIBT!*

DASS UNS *DEIN ENGEL* FÜR *IMMER BEGLEITET*,
UNS *FÜHRT*, *STÜTZT* UND *HALT GIBT* UND *UNS GELEITET*,
WIA A *HAMLICHES LIACHT* LEUCHTEN MAG AUF DEM WEG,
DAS WÜNSCH' I MIR *MIT JEDEM GEBET!*

UNENDLICH *DANKBAR* BIN I *FÜR DEIN LEBEN!*
ZUM ABSCHIED MÖCHT I *DEN KRANZ DIR GEBEN*,
MIT EINER BITTE, DIE I AN DEN HERRGOTT HAB':
DASS *DU SELIG MAGST SCHLAFEN* IM FRIEDLICHEN GRAB
UND ER *AUF DIE ERD*, DIE DER SPATEN AUSFASST,
GNÄDIG SEI *GOLDENE SUNN' SCHEINEN LASST!*

IN DER BAUMSCHULE AUFWACHSEN

ALS ICH LUDWIG STARKL HEIRATETE, war ich 19 Jahre alt. Wir gaben einander in großer Liebe das Ja-Wort und waren fest davon überzeugt, dass wir unser gemeinsames Leben, trotz unserer Verschiedenheit, meistern würden. Ein Kind – Anna – war bereits unterwegs und wir bezogen eine kleine Villa in Frauenhofen bei Tulln, nahe dem Haus der Schwiegereltern. Ich fand schnell wohlwollende Aufnahme in der Großfamilie und obwohl ich in diesen ersten Ehejahren fast durchgehend schwanger war, arbeitete ich, wo es ging, im Gartencenter mit. Es lag inmitten einer Großbaumschule auf offenem Gelände, und es gab unglaublich viel zu lernen und zu entdecken.

Der Gartenbau faszinierte mich als junge Frau und ich bemühte mich sehr, die Eigenschaften und Namen vieler Pflanzen und Bäume rasch zu lernen. Jede freie Stunde verbrachte ich im Gartencenter, weil mich die Welt der Pflanzen und Bäume interessierte, aber auch die Gespräche mit den Kunden. Oft ging unsere kleine Starkl Oma, die damals schon 90 Jahre alt war, geduldig mit den Kindern im Wagen im Park spazieren, während ich im Geschäft aushalf. In einer so großen Familie, mit Tanten, Onkeln und Omas fand sich stets jemand, der auf die Kinder aufpasste. Wir aßen mittags meist im Haus meiner Schwiegereltern, die sich immer freuten, wenn ich mit den Kindern kam.

Wenn im kleinen idyllischen Dorf Frauenhofen abends um sieben die Kirchenglocke läuteten, gingen wir nach Hause und die Kleinen wurden zu Bett gebracht. Tagsüber half mir Duschanka bei der Hausarbeit. Sie passte gut auf ihre geliebten Schützlinge auf, sprach allerdings nur Jugoslawisch. Und so kam es, dass ich mich relativ bald auf Jugoslawisch verständigen konnte. Auch die Kinder lernten diese Sprache schneller als Duschanka Deutsch: „Jedna, jedna jutsch – Anni, Steffi pfutsch!“

Mein Schwiegervater Josef Starkl war ein Gärtner und Gutsherr alten Schlages. Ich orientierte mich an seinen philosophischen Betrachtungen, hörte ihm gerne zu, wenn er Geschichten erzählte und fand es großartig, in dieser Großfamilie zu leben. Als meine zweite Tochter Stefanie noch im Mutterleib war, kaufte der Schwiegervater im Jahr 1979 dem Hamburger Gärtner und Kommerzialrat Bernhard Däneke die Rosen- und Obstbaumschule in Wien-Simmering auf Leibrente ab – als Lebensgrundlage für uns, die junge Familie.

Ludwig fuhr jeden Tag von Frauenhofen in den Betrieb nach Wien und leitete dort die Produktion der acht Hektar großen Baumschule, in der vorwiegend Rosen, Heckenpflanzen, Obstgehölze und einige hundert Alleebäume kultiviert und aufgezogen wurden. Nach Bernhard Dänekes Tod 1984 zogen wir mit den Kindern in dessen Wohnhaus, das mitten im Betrieb lag. Der Pflanzenverkauf und der Umgang mit Kunden sollten mich fortan 17 Jahre hindurch begleiten.

Ich übte diesen Beruf mit Leidenschaft und Energie aus, stand jeden Tag im Geschäft und führte 17 Mitarbeiter. Viele darunter habe ich fast so gern gehabt wie eigene Kinder, vor allem die jungen, und ich denke, mancher von ihnen wird sich vielleicht noch gerne an die Zeit erinnern, als ich für alle aufkochte beim Sommerfest und sie bei den Haus-Weihnachtsfeiern mit selbstgemachten Kasnocken verwöhnte.

Ich möchte in diesem Buch auch über jenen Mann schreiben, der den Namen des Gartenbaubetriebes Starkl weit über die Grenzen Österreichs hinaus groß gemacht hat. Das war mein Schwiegervater Josef Starkl II. Die Firma Starkl feierte im Jahr 2012 ihr 100-jähriges Bestehen. Auch nach der Trennung von meinem ehemaligen Mann Ludwig habe ich ein sehr herzliches und inniges Verhältnis zu seiner Familie, den Geschwistern, Neffen, Nichten und Großenkeln, besonders aber zu meiner Schwiegermutter Stefanie, die heute als Großmutter von 18 Enkelkindern und Urgroßmutter von vielen Urenkerln wie damals, als meine Kinder klein waren, im Schloss in Frauenhofen wohnt und sich um die Geschicke der Großfamilie kümmert. Liebevolle Beziehungen, die über viele Jahre durch gemeinsames Erleben und miteinander Aufwachsen entstanden sind, lassen sich kaum entwurzeln, das ist ähnlich wie bei einem starken Baum.

SEIT 100 JAHREN EINE STARKE GÄRTNERGESCHICHTE

DER ERSTE JOSEF STARKL und Gründer der Starkl-Dynastie kam als junger Mann zu seiner Halbschwester Anna Bergolth nach Frauenhofen, einem kleinen Ort im Tullner Bezirk. Anna wurde allseits „G'hörtsi Tant'" genannt, weil sie immer wusste, was sich gehört. Sie hatte neun Kinder und betrieb ein Wirtshaus. In ihrem Haus fand Josef Starkl I. Unterkunft und begann als Obergärtner in der benachbarten Baumschule Praskac zu arbeiten. Er konnte perfekt Tschechisch sprechen und beherrschte die Führung von Menschen. 1912 machte sich Josef Starkl selbständig und baute auf 400 m² Pachtgrund in Frauenhofen seine eigene Baumschule auf. Er kultivierte Schnittrosen und Buchsbaum, die er am Großgrünmarkt in Wien zum Wiederverkauf anbot.

Im kleinen Dorf lernte er Maria Walter kennen, die Tochter des Schneidermeisters und Musikers Alois Walter. Sie war als Schneiderin im Modehaus Frank in Tulln ausgebildet worden und brachte es in dieser Handwerkskunst zu Perfektion. Nach der Hochzeit mit Josef Starkl im Jahr 1916 machte sie sich als Schneidermeisterin selbständig und betrieb im gemeinsamen Wohnhaus neben dem Kartäuserschloss in Frauenhofen eine Schneiderwerkstatt, in der sie vier Näherinnen beschäftigte und Kostüme, Mäntel und andere Kleidungsstücke für Damen der Umgebung anfertigte.

Während des Ersten Weltkrieges wurde Josef Starkl aufgrund einer Lungenkrankheit nicht zum Kriegsdienst eingezogen. Er vergrößerte die Baumschule und produzierte neben Rosen und Buchs auch Stachelbeeren – „Starkl's Mehltaufreie" – und andere Obstgehölze. Maria und Josef waren sehr fleißig und sehr sparsam. Innerhalb von fünf Jahren bekamen sie vier Töchter. Am 4. Februar 1929 erblickte dann der einzige und lang ersehnte Sohn das Licht der Welt. „Sepp" war ein Nachzügler und wurde von den Eltern und den vier Schwestern sehr geliebt und verwöhnt. Seine Schwester Anna sagte zehnjährig, als er auf die Welt kam: „Na, der Bua wird einmal 5 Schilling Taschengeld kriegen, und des Häusl kriagt der aaa no!"

Sie berichtet mir, dass ihre Mutter Maria oft bis vier Uhr morgens in der Schneiderei arbeitete und sich erst schlafen legte, wenn der Vater schon zum Großmarkt aufbrach. Die Töchter schliefen zu viert in einem kleinen Zimmer, jeweils zu zweit in einem Bett. Nach dem Ersten Weltkrieg kauften Josef und Maria mit ihrem mühsam ersparten Geld einige Äcker, um ihre Produktionsfläche zu vergrößern. Sie wirtschafteten in der Zwischenkriegszeit auf. Der erste Pflanzenkatalog wurde 1935 gedruckt, damals noch mit gemalten Bildern. In den Jahren 1939–45, während des Zweiten Weltkriegs, betrieben sie Gemüseanbau. Die Ernährung stand in dieser Zeit an erster Stelle.

FAMILIE STARKL – DIE GÄRTNER-DYNASTIE NACH DEM KRIEG

Frauenhofen wurde nach dem Ende des Zweiten Weltkrieges von den Russen besetzt und der junge Sepp mutierte schon als 16-Jähriger zum beliebten Unterhalter der Besatzer. Er spielte den Russen auf der Knopfharmonika Lieder vor und sang dazu, mit großem Erfolg. Das Musizieren war eine Begabung, die er von seinem Großvater mütterlicherseits – Alois Walter – geerbt hatte. Alois Walter war als Ziehharmonikaspieler und Sänger in vielen Gaststätten im ganzen Tullnerfeld und als Vorsänger in der Kirche bekannt. Einige seiner Lieder sind in der „Liedersammlung aus dem Tullnerfeld" für immer der Nachwelt erhalten, unter ihnen des Frauenhofner Lied.

Damals forderte die Tuberkulose viele Opfer, bei den Starkls erlag ihr die jüngste Schwester, Erna, im Alter von nur 20 Jahren. Ihr Vater Josef lebte trotz offener Tuberkulose bis 1956. Mutter Maria erlebte den Werdegang ihres geliebten Sohnes Sepp bis in das hohe Alter von 96 Jahren. Sie war nur knapp 1,5 m groß, aber eine starke Persönlichkeit. Enkel und Urenkel nannten sie liebevoll die „kleine Oma". Als sie schon über 90 Jahre alt war, ging sie noch immer der Handwerkskunst nach, beschenkte Enkel und Urenkel mit selbstgemachten Kleidern, Handarbeiten und wertvollen Stickereien. Alle Weihnachtsgeschenke machte sie selbst. Meist fing sie schon im Jänner damit an. Ein Taufkleid aus bestickter Baumwolle, das sie anfertigte, wird heute noch bei den Taufen in meiner Familie verwendet. Ich halte es in Ehren.

Sie saß im hohen Alter noch rüstig in der Veredlungszeit mit ihrer schwarzen Chlothschürze bei den Arbeitern in der Halle und putzte die Rosenreiser mit dem Veredlungsmesser. Viele Ur-Enkerln fuhr sie mit dem Kinderwagen spazieren und ich erinnere mich noch an eine Weisheit, die sie mir über die Arbeit sagte, als ich mein Baby Anna nach so einem Spaziergang von ihr abholte. „Weißt Du, schnell arbeiten, aber dafür nicht so genau – das geht! Sehr genau und dafür langsam arbeiten – das geht auch! Aber langsam und schlampig arbeiten – das geht schief!"

DER JUNGE SEPP STARKL – EIN VORREITER DES GARTENBAUS MIT KÜHNEN TRÄUMEN

Der junge Sepp Starkl besuchte die Weinbauschule in Klosterneuburg und schloss seine Matura drei Jahre nach Kriegsende mit Auszeichnung ab. Es war keine Frage, was er werden wollte: Gärtner! Am 25. September 1952 heiratete er Stefanie Buchinger, die Tochter eines Großbauern aus dem benachbarten Staasdorf, mit der er schon die Volksschule besucht hatte, seine ganz große Jugendliebe. Als er 23-jährig die Baumschule seines Vaters übernahm, gründete er auch gleich eine Familie. Im März kam Sohn Josef zur Welt. Der zweite Sohn, Michael, starb zweijährig an Kindbettfieber. Es folgten dann die Kinder Anton, Maria und Ludwig. Seine Frau Stefanie sorgte sich liebevoll um die Erziehung der Kinder und stand bei allen Unternehmungen immer fest und stabil hinter ihrem Sepp. Während sie sich um Kinder und die häuslichen Belange kümmerte, entwickelte er energiegeladen seine hochgesteckten Ziele für die Zukunft und begann, mit 20 Beschäftigten auf 23 Hektar Boden seine Träume zu verwirklichen.

Zunächst stellte er den Betrieb von der Pferde- auf Maschinenwirtschaft um, schaffte Traktoren an, kaufte weitere Äcker, druckte den ersten Farbkatalog. Per Post und per Bahn versendete er Starkl-Pflanzen nach ganz Österreich. 1954 fand in Tulln der erste Blumenkorso statt, bei dem Starkl mit einem überdimensionalen weißen Schwan aus tausenden Rosen vertreten war. Zur Fertigung dieses Kunstwerkes engagierte er die Gründerin des gleichnamigen Blumengeschäfts am Ring, die Floristin Anna Sädtler. Als er sie um ihr künstlerisches Engagement zur Errichtung des Schwanes bat, sagte sie augenzwinkernd zu ihm: „Ja, Herr Starkl! Können Sie sich mich denn überhaupt leisten?“ Er konnte. Der Blumenkorso fand von nun an jedes Jahr statt und begründete somit den Ruf der Donaustadt Tulln als Blumen- und Gartenstadt, den sie bis heute nicht eingebüßt hat.

STARKL UND DIE GESCHICHTE DER FREILAND-ROSEN

Die besondere Liebe Josef Starkls galt den Rosen. Er kultivierte unzählige Rosenstöcke in seiner Baumschule, rund ums Haus und auf seinen Feldern. In eigens gebauten „Rosen-Tankstellen“ an den frequentierten Straßen des Bezirks verkaufte er seine bunten Freilandrosen „frisch vom Feld“ und erwies sich als „blumiger“ Vorreiter der Idee, die heute Fastfood-Ketten als „Drive-In“ praktizieren. Starkls Idee war allerdings weitaus gesünder und mit mehr Dufterlebnis für die Nasen verbunden …

1961 flog er nach Amerika, um eine Verpackungsmaschine über den großen Teich in seine Heimat zu holen. Er studierte in Amerika moderne Produktions- und Absatzmethoden von Rosen und erwarb eine spezielle Maschine zum Verpacken wurzelnackter Rosen und Sträucher für den Einzelhandel in Österreich. Die STAR-Rosen waren geboren. Produziert im kleinen Ort Frauenhofen, traten sie ihren Siegeszug an. Die losen Wurzeln umhüllt mit Erde, sauber und handlich verpackt im farbenfrohen Plastikkleid, wurden sie von Starkl in 3000 Einzelhandelsgeschäften verkauft, sogar in Drogerien!

Der junge Unternehmer hatte ein ausgeprägtes Gespür für die Bedeutung von Werbung. Von Jahr zu Jahr wurden die Versand-Kataloge verbessert, der Handel mit Pflanzen begann zu blühen. Aber Josef Starkl, der „Rosenkönig“ aus dem Tullnerfeld, ging österreichweit auch durch eine andere, witzige Idee in die Mediengeschichte ein: Als zu Beginn der 1970er Jahre die britische Königin Queen Elisabeth II. in einem Schiff auf der Donau auch die Stadt Tulln passierte, ließ Starkl einen gebundenen Blumenstrauß aus hunderten Rosen über die Donaubrücke auf das Schiff abseilen. Über diesen Willkommensgruß war die Queen „very amused". Tags darauf berichteten alle Zeitungen von diesem Ereignis und Josef Starkls Name war in aller Munde.

DIE TULLNER GARTENBAUMESSE UND EIN SCHLOSS AN DER HAND

Die Idee, in Tulln eine Gartenbaumesse zu gründen, kam Josef Starkl im Gasthaus Gruber an der Donaulände in launiger Stimmung bei ein paar Achterln Wein mit Willi Stift und einigen Vätern der Stadt. Daraus entstand 1967 die Internationale Gartenbaumesse, die seit damals jährlich auf dem Messegelände in Tulln stattfindet und tausende Besucher anlockt.

1967 kaufte Josef Starkl als neuen Familiensitz das „Schloss" in Frauenhofen. Das historische Gebäude war einst ein Kloster der Kartause Mauerbach und stammt aus dem Jahr 1620. Als geschickter Baumeister renovierte er es und setzte die Stuckarbeiten im Gebäude mit Hingabe selbst instand. Im selben Jahr wagte er einen weiteren bahnbrechenden Schritt: den Bau des größten Pflanzenkaufhauses Europas mit 3000 m^2 überdachter Verkaufshallenfläche. Auf die Frage eines Journalisten, wie er sich traue, so ein Objekt auf das offene Feld, fernab des urbanen Gefüges, zu stellen, antwortete er: „Wissen Sie, nicht auf die Lage kommt's an, sondern auf das, was drinnen ist. Wenn es gut ist, dann fahren die Leute auch gern ein Stückerl weiter."

Eine Spezialität der damaligen Zeit war ein Turmglashaus zur Aufzucht von Jungpflanzen, eine hochmoderne, technische Errungenschaft. Und – ganz im Gegensatz dazu – die Rückkehr zu den Haflinger-Pferden. Im Jungbaumquartier haben die sensiblen Tiere mehr „Gespür" für die Pflanzen als schwere Traktoren. Sie walzen nichts nieder, sondern weichen vorsichtig aus. Bis heute noch wird in der Baumschule mit Haflingern gearbeitet, die den Boden nicht verdichten.

Der Pionier und Unternehmer Josef Starkl glaubte fest an seinen Beruf und lebte ihn mit Leidenschaft. In einer Reportage der Illustrierten „Bunte Österreich" war 1968 von ihm unter dem Titel „Der Rosenkavalier aus Tulln" unter anderem zu lesen: „Ich bin überzeugt, dass es in zwanzig, dreißig Jahren eine Gesellschaft gibt, die Pflanzen konsumiert. Der Gartenbau wird im nächsten Jahrhundert die absolute Industrie sein." Er sollte recht behalten.

ROSENTAUFEN BEI STARKL – EIN BLUMIGER AUFTRITT MIT HOHER ÖFFENTLICHKEITSWIRKSAMKEIT

Die Züchter der Rosensorten, die Josef Starkl später von vielen prominenten Persönlichkeiten namentlich taufen ließ, waren Matthias Tantau in Üttersen, Kordes in Sparrieshopp, Georges

Delbard in Frankreich und Herholdt in Südafrika. Starkl pflanzte die Rosen der Züchter zunächst am Feld aus und testete sie mehrere Jahre auf Klimaverträglichkeit und Gesundheit.

Im Jahr 1967 kultivierte er bereits 150 Rosensorten. Es gab eine vom Komponisten Robert Stolz getaufte „Operettenrose" und „Mimi Coertse" war nach der damals sehr beliebten Kammersängerin benannt. Weitere Rosenpatinnen waren unter anderen Erika Pluhar, Luzia Nistler und Agnes Baltsa. In Rosenausstellungen zeigte Josef Starkl in seiner Halle in Frauenhofen die Sortenvielfalt und Schönheit seiner Lieblinge. Viele Künstler waren bei ihm persönlich zu Gast.

Sein Schloss in Frauenhofen diente auch als Drehort für österreichische Filme wie „Mit Rosen fängt die Liebe an" mit Ingmar Zeisberg oder „Der Tod antwortet nicht" mit Helmut Qualtinger.

Die ORF-Unterhaltungssendung „Frühling in Frauenhofen" wurde von 1980 bis 1987 jedes Jahr zu Frühjahrsbeginn in der Starkl-Halle gedreht, wo herrliche Rhododendren und andere Frühlingsblüher in prächtig gestalteter Gartenlandschaft die Bühne für namhafte Sänger, Schauspieler und Kabarettisten bildeten, darunter Fritz Muliar, Michael Heltau, Helmut Lohner, Gaby Jakoby, Heinz Holecek, Heinz Zednik, Dolores Schmidinger und viele andere.

Mit Gerd Bacher, Ernst Wolfram Marboe und Robert Le Fleur verband Josef Starkl eine lebenslange Freundschaft.

MEINE PERSÖNLICHEN ERINNERUNGEN AN DEN SCHWIEGERVATER

Mein Schwiegervater Josef Starkl war ein außergewöhnlich begabter, sehr witziger und warmherziger Mann. Er hatte eine Art Humor, den man als „Überschmäh" bezeichnet und verstand es durch sein Charisma und seine Eloquenz die Herzen der Menschen zu gewinnen. Er konnte bei öffentlichen Auftritten aus dem Stegreif ebenso geistvolle wie berührende Reden halten. Er besaß einen scharfen Verstand und wusste mit seiner bäuerlichen, bodenständigen Muttersprache die Dinge auf den Punkt zu bringen. „Wer fürn Strick geborn is, der darsauft net", ist ein plakatives Beispiel für die vielen Sprüche, die er im Repertoire hatte und die in der Familie heute noch kursieren.

Ich konnte ihm stundenlang zuhören, wenn er seine Geschichten erzählte. Und ich gewöhnte mich auch an seinen raueren Ton, wenn er sich ärgerte. Er konnte aufbrausen und laut sein, wenn er etwas durchsetzen wollte. Wenn Gefühle sein Herz regierten, war er hingegen sehr sanft. Er liebte die Menschen, war jedoch weise genug, ein gewisses bäuerliches Maß von Misstrauen zu hegen. Übers Ohr hauen konnte man ihn schwer. Die Schlauheit sprach aus dem Blick seiner Augen, wenn er hinter einer seinen geliebten Rosen hervor lugte wie ein listiger Fuchs hinter den Hagebutten.

Was ihn lebenslang antrieb, immer wieder Neues zu erproben, weiß ich nicht. Ich vermute, es waren Abenteuerlust und Neugier, verbunden mit dem Willen, auf der Erde seine Spuren zu hinterlassen. Er hatte eine außergewöhnliche Lebensenergie und sprang mehr als einmal „dem Tod von der Schaufel". Er war vielleicht nicht der gütigste und aufmerksamste Vater für seine Kinder und ging oft lieber sehr eigene, verschlungene Wege. Sein Erbe lebt heute in den Kindern, den 18 Enkelkindern und vielen Urenkerln weiter. Er hat seine Spuren für immer hinterlassen.

Josef Starkl wurde keine Macht geliehen. Er erkämpfte sie sich immer durch eigene Leistung und benützte sie nicht zum Bösen. Er hasste Intrigen und mochte Menschen, die geradeheraus und ehrlich waren. Auf seine Familie war er sehr stolz, auch wenn er das nicht jeden Tag verlauten ließ. Er war ein Vertreter jener Art herrschaftlicher bäuerlicher Großgrundbesitzer, die heute im Aussterben sind. Saß als Oberhaupt bei Tisch, nahm als Erster die Mahlzeit und ging schlafen, wenn's ihm passte. Die Familie richtete sich nach ihm. Er legte Wert auf pünktliche Mahlzeiten, gutes Essen, guten Wein und intelligente Gesellschaft. Als barocker Genussmensch mit starkem Lebenswillen liebte er klassische Musik. La Bohème von Puccini war seine Lieblingsoper und Beethovens Eroica seine bevorzugte Symphonie. Beim Hören klassischer Musik sinnierte er in seinem großen Lehnsessel im Wohnzimmer und oft kamen ihm dabei gute Ideen. Zu seinen Freunden zählten Industrielle, Wirtschaftstreibende, aber auch Künstler, Sänger und Schauspieler, Gärtner, Jäger, Manager – und gescheite, schöne Frauen.

Josef Starkl war ein Einzelgänger und ließ sich auch in gärtnerischen Belangen nie vor den Karren spannen. Seine bahnbrechenden Ideen nützten der ganzen Garten-Branche, etwa die Versand- und Gartencenterkataloge, die mit ihren Neuheiten allgemeine Trendsetter für ganz Österreich wurden. Auch den giftigen Neid der Mitbewerber verdiente er sich sehr redlich und regelmäßig durch seine Vorreiterschaft. Er hat den Namen Starkl durch Taten, Einfälle, Persönlichkeit, Willen und Charisma, vor allem aber durch seinen Mut groß gemacht. Wir alle, die den Namen Starkl tragen, ob von Geblüt oder durch Heirat, ob geschieden oder verwitwet, können uns nur immer wieder bemühen, diesem Namen auch durch unser Werk gerecht zu werden. Der Mensch Josef Starkl lebt weiter in unseren Herzen und in unseren Gedanken. Ich habe ihn sehr lieb gehabt.

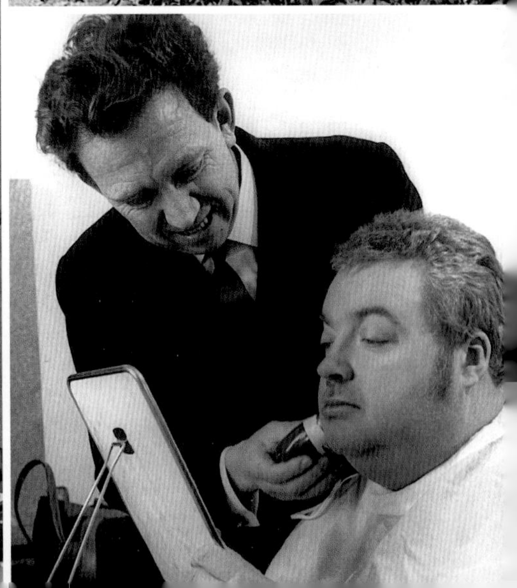

TORO
TORO
TORO

Flora frei Haus
im gastlichen Garten

FLORA FREI HAUS IM GASTLICHEN GARTEN

MEIN HAUS IM WEINVIERTEL gehörte früher der Familie Frei und auch heute noch wird es von den älteren Leuten im Dorf das „Frei-Haus" genannt. In meinem Garten, der das Frei-Haus umgibt, wachsen Rosen, Lavendel, Hortensien, Schafgarben, Salbei, Kräuter, viele buntlaubige Sträucher, Flieder und Bäume wie Birken, Rotdorn, Kugelakazien, Eschenahorn. Ich habe Rosen und Hortensien, Sträucher und Kräuter bewusst eingesetzt. Ich möchte Blumen, die mir gefallen, auch als Schnittblumen verwenden, um mein Haus zu dekorieren.

Doch allzu viel „Blüh" schneide ich nicht in meinem Garten ab. Erstens, weil ich immer blühendes Leben im Garten betrachten will. Zweitens, weil es am Wagram, wo dieses Haus steht, Wiesen und Felder gibt, kleine Wäldchen und Windschutzgürtel, die das ganze Jahr über reichsten Blütenschatz hervorbringen. Der liegt sozusagen vor der Haustüre und meistens fahre ich schnell mit dem Rad los, um ihn mir, mit einer Baumschere bewaffnet, im Korb einzusammeln. Wenn im Frühling der Salbei, der rote Mohn und die Schafgarben am Ufer der Schmida blühen, wenn sich der Lein und der wilde Rittersporn in den Hohlwegen des Löß verbreiten, Ligusterbeeren, Hagebutten, Schneebälle und Goldruten im Herbst heranreifen, dann juckt's mich in den Fingern, mit dieser blühenden Natur zu gestalten. Kränze, Sträuße, Girlanden und alle Gebinde, die mir von der Hand gehen, veredle ich mit den Blumen des Gartens. Die Kombination von Wildem mit Edlem schätze ich sehr – Flora frei Haus eben.

Ich fühle mich nur heimelig, wenn auf den Tischen, beim Ofen, auf den Anrichten Blumen stehen. Sie sehen hübsch aus, erfreuen meine Augen und meine Nase, denn sie duften, wenn ich im Vorbeigehen daran streife. Ich denke, das ist ein Erbe meiner Mutter, kombiniert mit jenem der Großmutter. Meine Mutter Agnes hat uns schon als Kinder dazu angehalten, die Zimmer aufzuräumen, sauber zu halten und gemütlich herzurichten. Sie selbst fühlte sich nur wohl, wenn alles im Raum in Ordnung war und auf seinem Platz lag – bis heute ist das so. Und je älter ich werde, desto mehr begreife ich, wie ähnlich ich meiner Mutter bin.

Meine Großmutter, die Gärtnerin und Floristin war, machte wunderschöne Gebilde aus Blumen. Als ich fünfzehn war, brachte sie mir im Blumengeschäft, in dem sie im Ruhestand gerne aushalf, bei, Rosen und Gerbera für die Kränze vorzuberei-

ten, Schnittblumen zu wässern und zu putzen. Ich ging ihr gern zur Hand und liebte den Geruch der frisch geschnittenen Blumen im Raum. Sie lehrte mich auch, Adventkränze zu binden, mit Zapfen und Äpfeln zu schmücken und zeigte mir, wie man die Maschen macht. Das Binden von Blumen war ein fester Bestandteil in ihrem Leben und ich liebte es, sie dabei zu beobachten. Als sie einmal 13 Grabbuketts in einer halben Stunde anfertigte, wuchs meine Bewunderung schier ins Grenzenlose. Sie war unglaublich flott. Dabei hatte ich nie den Eindruck, dass die händische Arbeit sie zu sehr belastete, denn immer wieder lag ein Scherzchen auf ihren Lippen.

Einmal hatte sie einen wunderbaren Grabkranz aus Rosen fertiggebunden, legte ihn auf den Boden und betrachtete zufrieden ihr Werk. Dann sah sie mich an und sagte: „Weißt du, der Tod ist zwar traurig, aber er ist auch das beste Geschäft! Ohne Grabbinderei mit fünf bis sechs Begräbnissen in der Woche brauchst du kein Blumengeschäft aufzumachen!" Sie hatte recht. Ich wundere mich noch heute, wenn ich auf einem Partezettel lese: „Von Blumenspenden bitte absehen". Ob die Menschen, bevor sie so etwas schreiben, wirklich nachdenken? Ist es nicht eine schöne Art und Weise, sich von einem Menschen, den man lieb gehabt hat, mit Blumen zu verabschieden? Ihm als letzten Gruß die Blüten der Erde auf seinem Weg in die Ewigkeit mitzugeben?

Blumen können unendlich viel Freude machen. Mit einem kleinen Sträußchen aus Wiesenblumen, das man am Wegesrand pflückt, kann man ein Lächeln und ein Herz gewinnen. Es kostet nur die Mühe, sich zu bücken. Mit einer Rose wird die Botschaft der Liebe von Hand zu Hand sicherer überreicht als durch tausend Worte. Denn Blumen sprechen ihre eigene Sprache – wortlos vermitteln sie das Gefühl der Freude, stumm überbringen sie Dankbarkeit, in der Stille beschenken sie das Herz.

DIE PRACHT DER HORTENSIEN

HORTENSIEN GEHÖREN ZU MEINEN Lieblingsblumen. Sie besitzen erstaunlich weibliche Eigenschaften. Noble Zurückhaltung und Dauerhaftigkeit zeichnen sie aus. Wer so wie ich diese Damen gut kennt, dem wachsen sie mit der Zeit ans Herz. Früher galt die Hortensie als typische Muttertagsblume und wurde eine Zeit lang als „unmodern" missachtet. Zu Unrecht, denn Hortensien sind echte Gärtnerinnen, wie auch ihr Name sagt: Hortus heißt auf Lateinisch Garten.

Heute kommen Hortensien wieder in Mode. Ich habe sie immer in allen Varianten gemocht – als üppig blühende Sträucher mit gefüllten Blüten in Weiß, Rosa, Blau, Violett und Rot, wenn sie mit kugelähnlichen Blütenbällen übervoll blühen oder sich als große, stattliche Büsche zeigen. Ich verwende ihre Blütenbälle gerne für Vasen und setze sie mit duftenden Rosen, Lavendel, Katzenminze und aromatischen Kräutern in Szene. Hortensien halten lange in Kränzen und Sträußen und lassen sich auch ganz wunderbar in Wasserschalen mit Schwimmkerzen für romantische Abenddekorationen verwenden.

Ihren Namen bekam sie von Philibert Commercon, der sie einst im Garten des Königs der Insel Mauritius entdeckte. Er bezeichnete sie lateinisch als „Hydrangea macrophylla". Die „vielblühende Wasserdurstige" könnte man das frei übersetzen und wer sie kennt, wird bestätigen, dass diese Übersetzung ziemlich genau trifft. Aufmerksame Gärtner wissen: Wenn Hortensien durstig sind, sprechen sie mit uns ein ernstes Wort. Ihre Blattstiele knicken weich ein, sie lassen alle Blätter hängen und sehen zum Erbarmen aus. Sie leiden dann sehr, besonders an heißen, lufttrockenen Sommertagen. An solchen Tagen ist es für sie lebensnotwendig, oft zu wässern, um einen Hitzeschlag zu vermeiden. Gießt man sie mit weichem Regenwasser aus der Tonne statt mit hartem Leitungswasser, bedanken sie sich umgehend mit überreichem Wachstum und prächtiger Blütenfülle.

Hortensien sind in vielen Sorten in den gemäßigten Breiten weltweit in Parks und Gärten anzutreffen und je nach Art erscheinen die Blüten tellerförmig (Hydrangea serrata), kugelig (Hydrangea macrophylla) oder in Rispen (Hydrangea paniculata). Die ganz großen unter den winterharten Dauerblüherinnen werden an die zehn Meter hoch, während sich die Zwerginnen mit einem Meter Wuchshöhe begnügen. Alle Hortensien lieben sauren Boden und viel Feuchtigkeit. Die meisten Hortensienarten lieben Halb-

schatten, die Rispenhortensie (Hydrangea paniculata) und die Kletterhortensie (Hydrangea petiolaris) eignen sich jedoch auch hervorragend für sonnigere Plätze. Dort sind sie für speziellen Hortensiendünger sehr dankbar.

Neben Wasser brauchen Hortensien viel Eisen; wenn es ihnen daran mangelt, bekommen sie leicht Bleichsucht, die sogenannte Chlorose: Die Blattränder werden gelb, während die Blattachsen grün bleiben und die ganze Hortensie etwas ungesund wirkt. In solchen Fällen hilft ein Eisendünger.

Hortensien halten nichts vom Rückschnitt. Natürlich sollte man ihre verwelkten Blüten im Herbst über dem obersten Blattknospenpaar abzwicken, sie sähen sonst zu ungepflegt aus! Auch den Säuberungsschnitt, das Entfernen beschädigter oder kümmerlicher Triebe, mögen sie sehr, weil er diversen Krankheiten vorbeugt. Aber sonst? Bitte kaum schneiden!

Am dekorativsten wirken diese wunderbaren Blumen, wenn man sie in verschiedenfarbigen Gruppen oder sogar als Hecke pflanzt.

Die weißen Blüten der Sorte Hydrangea arborescens leuchten uns in vielen Parks entgegen, besonders die riesigen, fußballgroßen Bälle von „Annabelle“ oder „Grandiflora“ rufen oft freudiges Staunen hervor, so schön und groß sind sie.

HORTENSIENBLÜTEN FÜR DIE FLORISTIK

Den Trick mit der richtigen Blütenernte bei Hortensien habe ich von meiner Großmutter: Sie wartete bis Oktober und prüfte durch Anfassen der Blüten deren Reife. Reife Hortensienblüten fühlen sich kompakt an, ihre Blüten fallen nach dem Schnitt nicht „zusammen". Werden sie zu früh geschnitten, welken die Blüten leicht. Zum richtigen Zeitpunkt abgezwickt, lassen sie sich auch herrlich trocknen. Wenn ich Hortensien mit Rosen und Lavendel kombiniere, mache ich meist einen Strauß für den Tisch, einen Kranz für die Wand und kleine Sträußchen, die ich mit Servietten umwickele und zum Gedeck lege. Geschirr, Tischtuch und Polster sollten farblich dazu passen.

Ein schöner Kerzenleuchter wird ebenfalls mit einem kleinen Blütenbukett dekoriert. In der Nähe von brennenden Kerzen entwickeln sowohl Lavendel als auch Rosen einen wunderbaren Duft. Das gibt am Abend im Garten oder auch im Zimmer bei Tisch ein sehr schönes Arrangement.

Tipp

Rostige Nägel zu Füßen von Hortensien zu vergraben, ist ein altes Hausmittel, um sie mit Eisen zu füttern.

LAVENDEL – EIN SAUBERER ZAUBERER

LAVENDEL IST EIN bevorzugter Rosenbegleiter, die beiden harmonieren nicht nur im Garten, sondern auch in der Form ihrer Blüte und im Duft. Der blauviolett blühende und herrlich erfrischende Lavendel war in alten Klostergärten als Heilpflanze und auch als Küchenkraut sehr beliebt. Man findet ihn heute in den Gärten ganz Mitteleuropas. Sein wichtigstes Anbaugebiet liegt in Südfrankreich, in der Provence. Jedem, der die blühenden Lavendelfelder dort gesehen hat, bleiben die unvergesslichen Düfte dieser heilenden Staude in Erinnerung. Neben Frankreich sind heute Ungarn und Bulgarien die Hauptanbauländer für Lavendel zur Gewinnung von Lavendelöl.

Die nadelähnlichen Blätter des Lavendels erscheinen silbergrau, klein und schmal, und wenn seine unzähligen, langen, violettblauen Blütenrispen ab Juni zu blühen beginnen, verbreiten sie frischen, aromatisch-süßlichen Duft. Im Garten wird Lavendel selten höher als einen Meter. Er hält Trockenheit aus, mag kalkhaltige Böden und liebt vollsonnige Plätzchen. Im Lauf der Zeit wächst er sich zu einem knorrigen Gehölz aus, das auch einen stärkeren Rückschnitt nach der Blüte gut verträgt. Ich verwende Schnittgut aus Lavendelblättern, das ich nicht für floristische Zwecke einsetze, sehr gern zum Abdecken für meine Rosen. Weder Ameisen noch Läuse mögen den Geruch des Lavendels, sie nehmen Reißaus. Im Garten wirkt Lavendel sehr schön als niedrige Hecke. Am attraktivsten aber kommt er in Begleitung von rosafarbenen und weißen Rosen zur Geltung, kombiniert mit blauen und violetten Hortensien.

EINE DUFTENDE HEILPFLANZE FÜR HAUT, MAGEN UND HAUS

Das Wort Lavendel kommt vom lateinischen „lavare", waschen. Im Mittelalter wurde Lavendel gegen die Pest verwendet und der Nimbus von Sauberkeit und Frische haftet ihm bis heute an. Das ist nicht verwunderlich, denn Lavendel besitzt erstaunliche Eigenschaften, die zu unserem Wohlbefinden beitragen. Lavendelblüten beruhigen die Nerven. Sie werden mit anderen sedativen Kräutern bei Schlaflosigkeit, Reizbarkeit, Kopfschmerzen und Migräne eingesetzt. Mit seinem hohen Gehalt an ätherischem Öl lindert Lavendel auch Magenverstimmungen und Koliken. Lavendelöl hat antiseptische und antibakterielle Wirkung, es wird zur Schmerzlinderung und bei nervöser Erregung verwendet. Bei asthmatischen Erkrankungen hilft es ebenfalls, vor allem, wenn sie mit starker Nervosität verbunden sind.

In meinem Haus, in dem ich Lavendelblüten gerne für Potpourris und Trockensträußchen verwende, duftet es den ganzen Sommer über nach Lavendel. Mit seinem angenehmen Wohlgeruch vertreibt er auch lästige Motten. In duftige Tüchlein eingehüllt, mit einem bunten Bändchen verschnürt, sorgt Lavendel ein ganzes Jahr im Wäscheschrank für angenehmen Duft!

Im Volksmund wird Lavendel auch Flander, Nervenkraut, Römischer Thymian oder Spike genannt. Früher gaben die Mütter ihren Töchtern bei Liebeskummer Lavendelsäckchen zum Riechen, denn sein Duft sollte den Liebesschmerz mildern. Man sagte auch, dass ein mit Lavendelduft parfümierter Liebesbrief alle Wünsche in Erfüllung gehen lässt. Das habe ich zwar nie probiert, aber eines weiß ich aus Erfahrung: Lavendel wirkt tatsächlich aphrodisierend.

Tipp

LAVENDELBAD Kleine Stoffsäckchen aus Organza oder Baumwolle mit Lavendelblüten im Badewasser, ergeben ein herrliches Entspannungsbad und machen Lust auf Liebe.

ROSEN ZUM KOSEN …

„WAS DIE ROSE mit der Liebe gemeinsam hat? Kaum erblüht, fällt schon das erste Blatt! Was währt lebenslänglich? Liebe und Rose – beides vergänglich!“

Rosen sind, seit ich Blumen kenne, meine Lieblinge. Sie duften berauschend und ihr Kleid besteht aus zauberhaften, anmutigen Blüten, die uns den ganzen Sommer über erfreuen. Ich erinnere mich gerne an die Zeit zurück, als wir in der Nähe von Wien-Schwechat unsere Rosenfelder bebauten. Welch fantastischer Anblick, wenn im Juni eine Rosenfläche von der Größe eines Fußballfeldes in voller Blüte stand! Ich ging oft zu dieser Zeit durch die Reihen der Rosen und betrachtete die schönen Blüten in unterschiedlichsten Farben und Formen, sog ihren berauschenden Duft ein. Tausende Rosenblüten unter dem blauen Himmel! Ich kann mir kaum Schöneres vorstellen.

Damals träumte ich immer davon, mir ein Liegebett auf das Feld zu stellen und die ganze Nacht unter freiem Himmel inmitten der Rosen zu verbringen. Der Duft, den sie in den Abendstunden verströmen, ist einfach zum Niederlegen romantisch. Heute versuche ich, in meinem Garten nachzuholen, was ich damals versäumt habe, aber ein so großes Stück Erde steht mir jetzt nicht mehr zur Verfügung. Dennoch sind für mich die Tage der Rosenblüte die schönsten und inspirierendsten des gesamten Gartenjahrs. Ich koste jede Stunde der Rosenblüte mit Herz und Seele aus.

In vielen blühenden Garten-Inszenierungen spielen Rosen eine Hauptrolle. Ob sie rankend, in Gruppen, in einer Hecke oder als Solist der strahlend blühende Hauptdarsteller der Gartenbühne ist, bestimmt nach seinem Geschmack und Wissen einzig ihr Regisseur – der Gärtner! Seinem Ideenreichtum sind keine Grenzen gesetzt. Denn die Rose ist ein Star zum Bestaunen, Anfassen, Fühlen, Riechen und Genießen. Keine andere Blume hat die Fantasie der Menschen, der Dichter und Gelehrten so angeregt wie die Rose. Sie gilt als Symbol für Liebe und Schönheit und ist das Zeichen der Weiblichkeit. Schon der Name „Rose“ zaubert im Nu ein Lächeln in die Gesichter.

Die stachelbewehrte Königin der Blumen ist in vielfältiger Blütenform auf der ganzen Welt verbreitet, ihre Art umfasst an die 30.000 Sorten. Ob als Busch-, Strauch-, Kletter-, Edel- oder Hochstammrose, ob als Zwerg oder Bodendecker, immer bezaubert sie die Sinne des Betrachters und lässt sich sogar auf Balkon und Terrasse wunderbar mit Stauden, Sträuchern, Gräsern oder Sommerblumen kombinieren. Sie hat keine „Starallüren“, wenn man auf ihre Bedürfnisse Rücksicht nimmt: ein sonniges, nicht zu heißes

Plätzchen, viel Luft, humusreichen, lockeren Boden, Wasser, Dünger und – das Wichtigste – die liebevolle Hand eines Gärtners, der zur richtigen Zeit da ist. Mehr braucht die Rose nicht. Sie ist nicht so heikel, wie oft behauptet wird. Sie sticht manchmal sehr, aber ist sie nicht zuletzt auch deshalb als Symbol der Liebe in die Geschichte eingegangen? Wo gibt es Liebe ohne Schmerz?

ROSEN ALS HEILPFLANZEN UND IN DER KOSMETIK

In vielen medizinischen Rezepturen ist die Ingredienz „Rose" zu finden, meist gemischt mit Kräuterarten. Rosenblätter werden als Kühlpolster für geschwollene Augen oder für Brandwunden verwendet. In zahlreichen Klosterbüchern wird die Rose für die Herstellung von Tinkturen und Salben erwähnt. „Rosenzucker" wird bei Darmbeschwerden und Erbrechen empfohlen. Gegen Kopfweh hilft Rosenöl auf der Stirn und Geschwüre im Mund heilt mit Rosenwasser vermischter Rosenhonig. Hagebuttentee wirkt bei Blasenleiden und Gicht. Ich bin fest davon überzeugt, dass Rosen neben den wissenschaftlich nachgewiesenen Heilkräften vor allem die besondere Gabe haben, die menschliche Seele zu heilen. Denn bei der Betrachtung von Rosen öffnen sich Seele und Herz, so schön sind sie, so erbaulich.

Besonders wegen ihres verlockenden Duftes wurden Rosen schon vor Jahrtausenden auch als Schönheitsmittel geschätzt. Mit Rosenwasser verfeinert man vieles, besprengt Haare, Kleidungsstücke und Türrahmen. Rosen-Gesichtswasser verleiht strahlenden Teint und Rosen-Handcreme macht strapazierte Hände wieder geschmeidig.

ROSENBLÜTEN FÜR DAS WOHLBEFINDEN

Wenn im Juni der erste Rosenflor meinen Garten bereichert, dann kommt die große Zeit der Rosenblütenernte. Rosenblüten sind ein wahrer Schatz, für die Kosmetik, als Duft für den Raum und als geschmackvolle Überraschung für den Gaumen. Rosen wirken immer! Es gibt unzählige Möglichkeiten, aus Rosenblüten Gutes für Körper, Seele und Geist hervorzuzaubern. Voraussetzung sind viele, duftende Rosen im Garten, die rein biologisch, ohne Behandlung mit Pestiziden oder Herbiziden, heranwachsen. Sobald die Rosen erste Anzeichen zum Verblühen geben, ernte ich ihre Blütenblätter in einem großen Korb und lege sie zum Trocknen auf. Dazu nehme ich eine Schale, ein Brett oder ich streue die Blüten einfach auf eine glatte Fläche, wo sie einige Tage liegen bleiben und als Dekoration selbst im Vertrocknen noch hübsch aussehen und angenehmen duften.

„DER DUFT BLÜHENDER ROSEN
IST FÜR UNS MENSCHEN
WIE EIN STREICHELN DER SEELE.“

Tipp

ROSENBAD 1 Handvoll Lavendelblätter und -blüten mit 2 Handvoll Rosenblüten, 1 Zimtstange und 1 EL Honig in ein Stoffsäckchen füllen und unter das einlaufende heiße Badewasser hängen.

ROSENPOTPOURRI 70 g Rosenblütenblätter, 25 g Lindenblüten, 15 g Basilikumblätter, 25 g Zitronenmelisse, 15 g Iriswurzelpulver sowie 10 Tropfen Rosenöl vermengen und in einer Papiertüte gut verschlossen 2 Wochen reifen lassen. Dann in eine schöne Schale legen und zur Auffrischung mit Rosenöl beträufeln.

ROSEN-ROSMARIN-POTPOURRI 30 g Rosenblütenblätter, 15 g zerkleinerte Zimtstange, 20 g zerkleinerten Rosmarin, 20 ganze Gewürznelken, 3 Tropfen Bergamotteöl gut vermischen. Weitere Vorgehensweise wie beim Rosenpotpourri.

„ROSEN SIND WIE DIE LIEBE.
BEIDE BLÜHEN AUF, *WENN SIE BERÜHRT UND GEPFLEGT WERDEN.“*

TISCHDEKO FÜR SCHNELLE FÄLLE

WENN DIE ZEIT des Grillens und der Gartenfeste kommt, sprechen Sommerabende im Freien alle unsere Sinne an. Duftende Blumen gehören da unbedingt dazu! Mein Garten erblüht im Sommer in den schönsten Farben. Hier die herrlichen Hortensienbälle, dort die Rosen und der Lavendel. Kräuter wie Basilikum, Rosmarin, Salbei und Thymian verströmen ihre appetitanregenden Düfte und das Schleierkraut zeigt schon seine ersten Knospen. Cosmeen, Vanillepflanzen, Storchenschnabel, Strohblumen, Waldreben und Margeriten blühen. In der wilden Natur finden sich blauer Salbei an den Bachufern, weiße Schafgarben und jede Menge Gräser, schlingende Ackerbohnen und Rittersporn.

Bei einer solchen Fülle von natürlichen Schätzen ist es leicht, wunderbaren Blumenschmuck zu gestalten. Mit etwas Fantasie und Kreativität kann jede Gastgeberin eine romantische Tafel dekorieren, auch wenn sie keine Floristin ist.

BLUMEN AUS DEM GARTEN – SCHNELL GESCHNITTEN, GEKONNT DEKORIERT

Blumen sind die Seele jedes Festes. Für ganz schnelle Fälle und plötzliche Überraschungsgäste gibt's eine Dekoration, die im Handumdrehen gezaubert ist: Efeuranken abschneiden und in einer Bahn auf das weiße Tischtuch legen. Rosenblüten abzupfen und auf das Tischtuch streuen. Für den Duft sorgt zusätzlich ein Sträußchen aus frischen Kräutern, die locker zusammengebunden in einem Glas gewässert werden. Zum Essen dürfen sie dann abgezupft werden. Drei Stämmchen Lavendel auf der Serviette unter dem Besteck verbreiten mit ihrem Geruch Gelassenheit und erfreuen die Gäste.

Wenn Sie romantische Dekorationen bevorzugen und viele Rosen, Hortensien und Lavendel im Garten haben, dann sammeln Sie die Blüten in einem Korb. Rosen und Lavendel entfalten ihren Duft bei der aufsteigenden Wärme von Kerzen und sind deshalb ideale Kerzenbegleiter, egal ob beim Tischleuchter, auf Stumpenkerzen oder auf einem Gartenluster, der von der Decke hängt. Wenn Sie Lavendel und Rosmarin mit einem Goldfaden um eine dicke Kerze binden, die in einem Kranz aus Rosen und Hortensienblüten steht, sieht das sehr schön aus und spendet wunderbaren Duft. Kleine Büschel aus Rosen, Hortensien und Lavendelblüten machen sich hübsch, wenn sie mit einem duftigen rosa Band gebunden werden. Am Teller erfreuen sie das Auge ebenso wie eingewickelt in eine Serviette.

Wenn Sie Düfte lieben, dann sammeln Sie Rosenblüten und lassen sie an einem luftigen Ort

Tipp

Achten Sie bei der Kombination Ihrer Blüten immer darauf, dass die Farben harmonieren. Stimmen Sie auch Tischtuch, Geschirr und Polster darauf ab, dann ist die Festtafel so gut wie perfekt. Harmonie ist alles – und das spürt jeder Gast!

trocknen. Stellen Sie sie in kleinen Schalen, die zum Tafelgeschirr passen, oder einfach in Glasschälchen auf den Tisch und beduften Sie sie mit Lavendel- oder Rosmarinöl, so verströmen sie wunderbaren Wohlgeruch beim Essen.

Ich bin auch eine Liebhaberin von schwimmenden Rosen! Füllen Sie schöne Gläser oder Schalen mit frischem Wasser und Eiswürfeln, legen halboffene Rosenköpfe hinein und ergänzen das Arrangement mit farblich passenden Schwimmkerzen. Das ergibt einen fantastischen Anblick in den Dämmerstunden, wenn Rosen, Eis und Glas im warmen Licht der Kerzen schimmern.

Für rustikale Feste empfiehlt sich auch ein Ausflug in die Natur mit einem Korb und einer scharfen Schere. Sogar auf Schutthalden wachsen wilde Kamille und blauer Salbei. Gräser gibt's viele am Feldrand. Sauerampfer und der wilde Girsch haben im Frühsommer attraktive Blüten. Was ist erfreulicher als ein bunter, natürlicher Wiesenstrauß? In der Vase, im Kranz oder im Zopf gebunden stehen Naturblumen edlen Gartenblumen um nichts nach.

„DIE NATUR VERSCHENKT IHREN SCHATZ. GLÜCKLICH, WER IHN BEGREIFT.
DRUM SAGE ICH ES IN EINEM SATZ: GENIESSE DIE FRUCHT, SOLANGE SIE REIFT.“

SEPTEMBERSCHÄTZE

SEIT ICH EIN KIND WAR, liebe ich den Monat September. Damals, in der Schulzeit, bedeutete September für mich Neubeginn, einen Aufbruch in das Abenteuer. Das ist auch heute so: Wenn's September wird, lockt mich die Natur, sie mit wachem Blick und forschem Schritt zu durchwandern, stets Ausschau haltend nach ihren Schätzen. Sie verführt mich, bewaffnet mit einer Baumschere und einem großen Weidenkorb, alles einzusammeln, was sich zu schönen, herbstlichen Gebinden verarbeiten lässt. Da erwacht die Floristin in mir, da packt mich die Ernteleidenschaft, da juckt es in meinen Fingern.

Ich sammele die zarten, grünen Beeren des Ligusters, die rosa Fruchtstände des wilden Schneeballs und die Hagebutten, die sich in den Wildrosenhecken der Windschutzgürtel zartorangerot färben. Am Bach entdecke ich Nussbäume, die mir ihre unreifen Schätze noch grün überlassen müssen, und die Ranken des wilden Hopfens mit ihren schuppigen Zapfen. Sie alle wandern zusammen mit einem dicken Bündel Gräser, die ich am Feldrand schneide, in meinen Erntekorb.

WER SCHÄTZE FINDEN WILL, BRAUCHT SICH IN DER NATUR NUR UMZUSEHEN

Die schönsten Blumen wachsen gleich neben der Straße, in der Au, auf den Feldern: weiße Schafgarben, wilder, blauer Salbei, Klatschmohn, Goldruten. Dort ein Wildapfel, hier ein Pfaffenkapperl mit entzückenden orangeroten Beeren. Ich finde Ringlotten, Birnen und wilde Waldreben, die sich meterhoch an den Bäumen emporranken, übersät mit haarigen Büscheln, den Nestern ihrer Samen, die später reif zu Boden fallen werden und den Weiterbestand fürs nächste Jahr sichern.

Auf dem Acker stehen noch einige Sonnenblumen, als hätte man sie vergessen. Sie sind wild aufgegangen und in der Brache spät erblüht. Ich nehme sie gerne mit, denn die braunen, runden Rosetten ihrer entblätterten Köpfe sind schön anzusehen und halten lange. Die reifenden Beeren des Hollers verströmen süßen Duft. Auf der Auwiese locken orangefarbene Laternen, die Früchte der Lampionblume, die auch in meinen Korb müssen.

Wieder zu Hause angekommen, schaue ich mich im Garten um nach der passenden Ergänzung für meine mitgebrachten „wilden Schätze". Auf meinem Stückchen Erde wachsen auch im Herbst viele Blumen, die im Kranz, im Strauß, in der Blumenschale Freude machen können: Hortensienblüten, Heiligenkraut, die Perlen des Liebesperlenstrauchs, Blüten und Blätter der marokkanischen Minze, die frischen Pfefferminzduft verbreiten, Blätter des samtigen Hasenohrs und des panaschierten Salbeis, zarter Strandflieder und duftender Lavendel. Auch die Fruchtstände des verblühten Eibischs und die langen, schmalen Schoten der Glyzinie müssen noch gepflückt werden. Das Strauchbasilikum trägt noch seine violetten Blüten, die Rosen zeigen sich im schönsten, zweiten Flor und werden knospig und jungfräulich geerntet.

Wenn die reiche und bunte Ernte des Septembers dann schön sortiert auf meinem großen Arbeitstisch liegt, durchzieht ein unbeschreiblich angenehmer Duft das Haus. Er inspiriert mich, er macht kreativ. Die Lust zu gestalten, zu formen beflügelt meine Fantasie. In Handarbeit entstehen dann während Stunden, die ich sehr genieße, kleine Werke, die ich an Familie und Freunde verschenke. Sie sind ein Gruß der Freude am Herbst. Von Hand gesammelt, mit Fantasie verbunden und mit Wertschätzung überreicht, ist ihre Botschaft einfach, und wer sie erkennt, liest in ihnen ein großes „Ich hab dich lieb", das die Natur auf die Erde geschrieben hat.

Duftsucht

DUFTENDE PFLANZEN FÜR DEN GARTEN

DIE SCHÖPFUNG HAT raffinierte Verführungsmethoden. Was der Pflanze zur Fortpflanzung dient, steigt uns Menschen als angenehmer Duft in die Nase.

Düfte gehören zu den schwer beschreibbaren Phänomenen der Natur. Wir nehmen sie wahr, doch können wir sie kaum mit Worten beschreiben. Das hat seinen Grund darin, dass der Duftsinn des Menschen direkt mit dem Gefühlszentrum im Gehirn verbunden ist – er umgeht sozusagen die Sprache! So verbinden wir mit Düften fast immer Erinnerungen.

Noch vor dem wissenschaftlichen Zugang kannten die Menschen auch den Zusammenhang zwischen Düften und sexuellen Reizen. In Floras Garten in Wohlgerüche eintauchen und sich in die Gefilde der Sinnlichkeit verführen lassen, ist die schönste Erfahrung lauer Frühlings- und Sommernächte. Wenn ich im Mai durch meinen Garten im Weinviertel gehe, steigen mir unzählige Wohlgerüche in die Nase, erbauende und berauschende Düfte. Sie inspirieren zum Träumen, zum Genießen. Ich rieche die feuchte Erde, die Aromen der Blüten von Rosen, Flieder und Lilien und sofort stellt sich ein Wohlbefinden ein, das so richtig aufatmen lässt. Für mich wäre ein Garten ohne Düfte ein Stückchen Erde ohne Seele. Und die natürlichsten und schönsten Düfte entströmen dem blühenden Garten.

In meinem Garten duften von März bis April Veilchen, Narzissen und Stiefmütterchen. Ab April verströmt dann die Lavendelheide ihr würziges Aroma, das später vom berauschenden Odeur des Flieders abgelöst wird. Fast alle Fliederarten duften, nicht nur die veredelten Sorten. Im Spätfrühling, zu Beginn des Sommers, ziehen die betörenden Gerüche der voll erblühten englischen Rosen, Schlingrosen und Edelrosen durch das Gartenparadies. Sie sind so stark und so unterschiedlich wie die Rosen selbst. Da blüht die porzellanrosa Edenrose, dort die kräftige „Dark Lady", am Rosenbogen die Lawinia und über der Gartenlaube Constance Spry. Auch Gloria Dei duftet und meine Comtesse de Segur bezaubert mich jedes Jahr aufs Neue.

Wenn meine Rosen zu verblühen beginnen, sammle ich die Blütenblätter in einem Korb und streue sie auf den Tischen aus. Sie sind ein hübscher Anblick und verströmen im Haus weiter ihren Duft. Sind sie dann eingetrocknet, lege ich sie in eine Schale und bedufte sie mit Rosenöl. Auf diese Weise erhalte ich den Rosenduft bis in den Winter hinein und kann mich auch an kalten Tagen noch an diesem frischen Duft erfreuen, der mich an den Sommer erinnert. Meine Katze steckt ihre Nase gerne in den Thymian, der sie zu berauschen scheint, während sie, wenn sie in der Katzenminze liegt, meistens schläft. Dieser Duft dürfte sie beruhigen. Man sieht förmlich, wie gut ihr die Düfte tun.

Das Pflanzenduftjahr hat zwölf Monate, mit dem Sommer als Hauptsaison. Die Wärme der Sonne ist der wichtigste Gefährte und Helfer für die Entfaltung des Duftes der Blüten. Von Juni bis August duftet der Pfeifenstrauch, aber auch die Blätter der Kräuter verströmen ihr würziges Aroma. Einmal ans Basilikum streifen – schon bekommt man Appetit auf Mozzarella mit Tomaten. Ich sammle Kräuter wie Salbei, Katzenminze, Thymian und Lavendel, binde sie zu kleinen Büscheln und hänge sie, mit einer dekorativen Masche versehen, am Kerzenluster auf. Sind die Kerzen angezündet, entfalten die Kräuter durch die Wärme ihre Aromen und umgeben uns mit Wohlgeruch, der gute Stimmung und Harmonie verbreitet. Frisch abgeschnittene Kräuter stecke ich auch gerne in kleine Gläser und stelle sie zu den Kerzen am Tisch. Das wirkt sehr appetitlich und erfreut auch das Auge beim Essen. Am stärksten duftet immer das Strauchbasilikum, das noch dazu zum Anbeißen hübsch aussieht.

DÜFTE AUS DER WILDEN NATUR

Wenn im Juni der wilde Salbei am Ufer der Schmida erblüht, die Schafgarben sich weiß färben und der Duft der wilden Ackergräser in der Luft liegt, dann schnappe ich mein Rad, fahre in die Natur hinaus und sammle alle schönen Blumen, die ich an den Rändern des Feldes finde, in meinem Korb. Das Pflücken und Schneiden in den frühen Morgenstunden, wenn die meisten Menschen noch schlafen, ist für mich ein einmaliges Erlebnis. Die Düfte des Bachufers, der Gräser und Skabiosen, von Leinkraut und Wolfsmilch, kombiniert mit dem Geruch der frischen Erde, die sich der Sonne öffnet, sind mit nichts auf der Welt zu vergleichen.

Ich schneide immer nur ab, was ich brauche und achte darauf, nichts zu verschwenden. Denn der Schatz der Natur muss gewahrt bleiben. Zu Hause binde ich dann die wilden Blumen zusammen mit edlen Rosen in herrliche Sträuße, die im Raum ihren Duft verströmen und wunderschön aussehen. Wilde Kamille, Margerite, Ackerrittersporn, Klatschmohn oder Wiesenklau – ich liebe sie alle!

GUTES FÜR DIE NASE AN LAUEN SOMMERABENDEN

Wenn der Sommer naht, umgebe ich alle Sitzplätze auf der Terrasse mit Duftpflanzen. Abends, wenn wir gemütlich beisammen sitzen, verströmen sie ihre Aromen und unterstützen den Genuss von Wein und einem guten Abendmahl. Die Vanille (Heliotrop) ist im Sommer ein unübertroffener Star, wenn uns ihre dichten, violetten Blütenbüschel mit herrlichem Vanillearoma verwöhnen. Der Polster bildende Duftsteinrich

(Lobularia) und die orangefarbenen Stiefmütterchen duften nach süßem Honig. Auch der Duftlauch (Allium suaveolens) verströmt Honiggerüche aus seinen kleinen rosa Kugelblüten.

Ein wahres Duftfeuerwerk entsteht bei der Berührung von Duftpelargonien, ihre Blüten und Blätter verströmen verschiedenste Aromen wie Minze, Rose, Zitrone oder den Duft von Gewürzen. Zitronenverbenen riechen erfrischend und vertreiben ganz nebenbei auch lästige Insekten. Das Elfengold (Plektranthus) erinnert an den Duft von Weihrauch. Lavendelblüten lassen sich wunderbar verarbeiten und trocknen. Zum Sträußchen gebunden wird Lavendel fast für die Ewigkeit konserviert. Ein Potpourri in einer Schale mit frischen Zweigen aromatischem Thymian, würzigem Bohnenkraut, Oregano, Rosmarin oder Pfefferminze gibt dem Esstisch auf der Terrasse eine ganz besondere, sehr angenehm anregende Duftnote.

DUFTENDE KÜBELPFLANZEN FÜR GARTEN, BALKON UND DACHBEGRÜNUNG IN DER STADT

Unter den Kübelpflanzen betören die Duftwolken der Blüten von Engelstrompeten am meisten. Ihre oft 20 cm langen Trompeten hängen wie Duft-Glocken vom Strauch und verströmen vor allem abends einen unbeschreiblichen Duft. Ich pflanze meine Engelstrompete immer direkt in die Erde, weil sie sehr viele Nährstoffe und Wasser braucht, um eine ansehnliche Größe zu erreichen. Als Vorbereitung zur Überwinterung steche ich im Herbst den Ballen mit dem Spaten ab und setze die Pflanze in einen großen Topf. Sie überwintert bei ca. 8 Grad Celsius, um im kommenden Frühling wieder ihren Platz in der Gartenerde zu bekommen.

Oleander, Pumbago und Wandelröschen duften vor allem am Abend, während Eukalyptus und Zitronenbäumchen auch tagsüber aromatische Erlebnisse auf Balkonien garantieren. Selbst unter den Gräsern finden sich eine Reihe duftender Schönheiten wie das ostindische Lemongras und das Zitronengras (Cymbopogon). Sie duften, wie der Name schon sagt, nach Zitrus, während das Palmarosa-Gras süß nach Rosen riecht. Unter den Kletterpflanzen im Kübel sind Duftwicken (Lathyrus odoratus), die aus Samen gezogen werden, zu empfehlen. Sie verströmen zarten Vanilleduft. Der Sternjasmin ist zwar kein echter Jasmin, duftet aber wie Jasmin; er ist ein flinker Klettermaxe, der aus weißen, sternförmigen Blüten erbaulich riecht und eignet sich gut zur Begrünung von Balkongittern.

WIE DUFTPFLANZEN AUF UNS WIRKEN

Zitronenaroma wirkt erfrischend, Minze stimuliert das Wohlbefinden, Pfefferminze regt Magen und Darm an, Melisse lindert Krämpfe, Lavendelduft beruhigt und der Duft von Rosen erregt die Sinne und die Liebeslust. Eine Reihe von winterharten Stauden wie Pfingstrose, Duftveilchen, Geißbart, Levkoje, fast alle Nelkenarten, Phlox,

Cosmea und Iris verbreiten durch ihre Blüten den Sommer über herrliche Aromen. Andere Stauden wie Indianernessel, Katzenminze, Kamille, Salbei und Thymian haben wohlriechende Blätter. Von den winterharten Gehölzen duften Geißblatt und Duftschneeball am stärksten. Ein ganz besonderes Gehölz ist der Gewürzstrauch (Calicanthus floridus), dessen Holz aromatisch nach Gewürznelken duftet.

EINLADENDE DÜFTE Ich setze Düfte sehr gezielt ein. Sie sollen stimulieren, entspannen, aber auch anregen. Wenn es im Haus nach Rosen riecht, nach Bergamotte, nach Lavendel oder Honigduftwachs, dann empfinde ich es als angenehm und gemütlich. Sinnliche Menschen lieben Düfte. Das war immer so. Ätherische Öle von Blättern und Blüten der Pflanzen wurden zu allen Zeiten in Duftlampen, als Arznei und für therapeutische Zwecke eingesetzt.

DUFTSÄCKCHEN Für wohlriechende Duftsäckchen ernten Sie am besten im Sommer Blüten und lassen sie an einem schattigen Platz gut trocknen. Füllen Sie die getrockneten Blüten in Leinensäckchen, Seidenbeutel oder Kissen und versehen Sie sie nach Geschmack mit Schleifen und Stickerei. Sie sind ein hübsches Mitbringsel bei Einladungen und im Wäschekasten vertreiben Kissen mit Rainfarn, Rosmarin, Heiligenkraut oder Lavendel sogar lästige Motten.

DUFTWASSER Kann für Bäder, das Haar, die Wäsche oder als Gesichtswasser verwendet werden und ist ganz leicht herzustellen: Man übergießt frische Blütenblätter mit kochendem Wasser und lässt sie dann, wie Tee, 15 Minuten ziehen. Geeignet sind Blüten von Kamille, Lavendel, Minze, Iris, Maiglöckchen, Melisse und Rosen.

DUFTENDE LESEZEICHEN Blätter und Blüten von Duftpflanzen zwischen Löschblättern in einem Buch pressen und dann auf Büttenpapier kleben. Dafür eignen sich sehr gut Muskatellersalbei, Thymian, Rosmarin, Rosen oder Veilchen. Mit Rosenöl beduftet, lassen sich auch andere zarte Blüten zu Rosen kombinieren.

DUFTLAMPEN Ich verwende sehr gern ätherische Öle. Man gibt einige Tropfen davon mit warmem Wasser in die Lampenschale einer Duftlampe und stellt ein Teelicht darunter. Nach ca. 5 Minuten entwickelt sich der Duft. Um Gäste schon im Vorraum aromatisch zu empfangen, eignen sich besonders gut Bergamotte, Geranium, Grapefruit, Wacholder, Vanille und Rosen. Dufttwachs wird ebenso gehandhabt, es hält besonders lange.

Tipp

POTPOURRIS Der aus England stammende Brauch getrocknete Blütenblätter schön angerichtet als Duftträger einzusetzen, erfreut sich heute auch bei uns immer größerer Beliebtheit. Nutzen Sie die Blütezeit der Pflanzen, um Blütenblätter zu sammeln und zu trocknen. Mischungen aus getrockneten Blütenblättern ersetzen jeden Frischluftspray.

In England ist es üblich, im Wohnraum, Bad oder auf der Toilette hübsche Schalen mit getrockneten Blättern und Blüten von Rosen, Lavendel, Rosmarin, Minze oder Beifuß, Wurzeln und Samen aufzustellen. Die Gefäße für Potpourris sind im Idealfall aus Glas, Porzellan oder Steingut. Der Wohlgeruch von Potpourris hält viele Monate. Klingt er ab, kann man sich durch das Beträufeln der Blüten mit Duftölen behelfen.

RÄUCHERDÜFTE

ALLE VÖLKER der Erde verbrannten duftende Materialien, um die Götter gnädig zu stimmen. Aus diesem Ritual entstand auch unser Wort „Parfüm“, denn „per fumen“ bedeutet „durch den Rauch“. Beim Räuchern von Weihrauch, Zedern- und Sandelholz, Rosen oder Patschuli steigen herrliche Düfte auf. Sie verbessern das Raumklima und beeinflussen die Stimmung positiv.

Räuchern ist ein Ritual des Anrufens, Reinigens, Heilens, Lösens und des Meditierens. Der Rauch, der durch das Verbrennen von Räucherwerk auf glühender Kohle entsteht, steigt gerade nach oben. Er verbindet das Diesseits mit dem Jenseits. Schon vor langem erkannten die Menschen, dass der Rauch bestimmter Pflanzen, Blätter oder Harze eine energetische, reinigende Wirkung hat. Vor allem bei Festen und Krankheiten wurde geräuchert.

Wir wissen von Räucherstäbchen, die in Indien vor Tempeln entfacht werden, von der Schwitzhüttenzeremonie der Indianer, von den Duftwerkstätten und Räucherrezepturen der ägyptischen Pharaonen, vom Weihrauch bei christlichen Gottesdiensten und der Myrrhe zum Desinfizieren von Wasser in Wüstenregionen. Es gibt wohl kein Volk auf der Erde, dem das Ritual des Räucherns unbekannt ist. Düfte des aufsteigenden Rauches gelangen direkt in unser Stammhirn. Diese Düfte lassen Gefühle aufkommen, lösen Stimmungen aus, steigern unser Wohlbefinden. Wer noch skeptisch ist, sollte das Räuchern einmal versuchen! Ich mache es meist um die Weihnachtszeit in meinem Haus.

RÄUCHERN IM HAUS Zum Räuchern benötigen Sie eine feuerfeste Schale, feinen Sand, Räucherkohle, eine Feder und eine Räuchermischung aus Blüten oder Harzen. Die Räucherkohle wird entzündet und auf den Sand gelegt. Beginnt sie zu glühen, gibt man mit einem Löffel etwas Räuchermischung darauf und fächelt mit einer Feder den Rauch in den Raum. Danach wird gelüftet.

Wer Räuchermischungen selbst machen will, braucht Fantasie, Zeit und Experimentierfreude. Wacholder, Salbei, Rosmarin, Lavendel, Koriander, Nelken und Zimt sind gut geeignet. Fertige, qualitativ hochwertige Räuchermischungen sind in jedem Fall empfehlenswert, denn sie sind erprobt.

Tipp

RÄUCHERN IM GARTEN Im Garten können Sie im Griller oder in einer Feuerschale alle stark riechenden Kräuter wie Salbei, Lavendel, Heiligenkraut, Minze, Melisse und Thymian verräuchern. Legen Sie abgeschnittene Zweige getrocknet oder auch frisch auf die glühende Kohle. Der aufsteigende Geruch der ätherischen Öle ist äußerst angenehm und hat zusätzlich einen nützlichen Nebeneffekt: Er vertreibt lästige Mücken, Fliegen und Gelsen.

ROSEN – DUFTENDES VERGNÜGEN

DUFTENDE ROSEN IM GARTEN sind für jeden Romantiker unerlässlich. Der Wert der Königin der Blumen wird immer an ihrem Duft gemessen. Dass Rosenduft die Lust anregt, wussten schon die alten Römer. Neben der Farbe ist es der berückende und berauschende Duft der Rose, der sexuell erregen kann. Bei den sinnlichen Festen der Flora im alten Rom wurden Rosenkränze getragen und im Mittelalter war der Rosengarten der Begriff aller Lust und Wonnen. In Frankfurt trugen die Prostituierten früherer Zeiten die Rose als ihr Abzeichen und ihre Besucher wurden im Mittelalter „Rosengäßler" genannt. Rosen werden mit dem Weiblichen gleichgesetzt: „Man soll die Rose pflücken, wenn sie blüht". Im alten Griechenland war die Rose Aphrodite, der Göttin der Schönheit und Liebe geweiht, die Römer unterstellten sie Venus.

Zahlreiche Geschichten und Legenden ranken sich um die Rose als Liebessymbol. Ab dem 11. Jahrhundert, mit der Zunahme der Marienverehrung, wurde sie zur Blume Marias, der Mutter Christi, und damit auch zum Sinnbild christlicher Liebe. Es heißt, dass die ersten Rosenkränze aus Perlen bestanden, die aus Rosenblüten geknetet wurden. In der Blumensprache bedeutet das Schenken roter Rosen einen reinen Liebesgruß und wir wissen, dass keine andere Blume die Botschaft der Liebe so sinnlich-betörend und so charmant-sicher überbringt wie die Rose.

ROSENDUFT – GEFÜHLT MIT KOPF, HERZ UND SEELE

In der „Duftpyramide" wird der Rosenduft in drei Ebenen wahrgenommen: im Kopf-, im Herz- und im Grundton. Die Kopfnote ist der Geist des Duftes und setzt sich aus flüchtigen Gerüchen zusammen wie Kräutern und Zitrusfrüchten. Die Herznote ist die Persönlichkeit des Duftes und besteht aus Gerüchen nach Früchten, Blumen oder Grün. Den Grundton als die Seele des Duftes prägen anhaltende Gerüche wie Holz und balsamische Essenzen. Jeder Rosenliebhaber, der Duftrosen im Garten besitzt, sollte sich das Vergnügen machen, die unterschiedlichen Duftkomponenten seiner Rose „nasal" zu erfassen – ein herrlich sinnliches Spiel! Ich gehe oft zur Zeit der Rosenblüte durch meinen Garten und versuche, den Duft der verschiedenen Rosen in mich aufzunehmen. Manchmal sammle ich Rosenköpfe in einem Körbchen, setzte mich hin, schließe die Augen und versuche, die Rosen am Duft zu erkennen und beim Namen zu nennen. Das ist eine schöne Übung, die als Spiel auch Kindern viel Vergnügen bereitet. So lernen sie, einzelne Düfte zu unterscheiden und den Duftsinn zu trainieren.

„*DER DUFT IST DIE SEELE DER ROSE.*
ER OFFENBART SICH NEBEN DER
SCHÖNHEIT IHRER BLÜTE ALS NÄCHSTE
STUFE ZUR VOLLKOMMENHEIT.“

Tipp

ROSEN-BADEÖL Duftendes Rosen-Badeöl ist ganz einfach selbst herzustellen: Drei Teile Glyzerin mit einem Teil Rosenöl vermischen und in eine dekorative Flasche abfüllen, die gut verkorkt im Bad steht. Ein Löffel der Essenz in das einlaufende Wasser gehalten, ergibt ein herrliches Rosenbad, das schon Kleopatra zu schätzen wusste! Wer weiß, vielleicht hat sie Cäsar und später sogar Marc Anton mit Rosenöl verführt? Fast alle Herrscher liebten ja bekanntlich Rosen.

Zur Blütezeit werden Rosenblüten in den frühen Morgenstunden noch vor Sonnenaufgang von Hand gepflückt, denn schon in den frühen Vormittagsstunden sinkt der Gehalt an ätherischem Öl in den Blütenblättern. Die Blütenblätter müssen sofort nach der Ernte weiterverarbeitet werden. Als Rosenöllieferanten dienen die Arten Rosa gallica, Rosa damascena und Rosa centifolia. Angebaut werden sie vor allem in Frankreich, Bulgarien, der Türkei, Griechenland und Marokko. Rosenöl wird für Kosmetika, vor allem Cremes und Lotionen, verwendet. Es wirkt belebend und heilend auf die Haut. Es ist eines der teuersten ätherischen Öle. Ein Kilo Rosenöl kostet von 3000 bis 5000 Euro – das hat seinen Grund nicht zuletzt darin, dass dafür 3000 bis 5000 Kilo Rosenblüten benötigt werden.

ROSENTRÄUME

OFFEN UND MIT SCHLICHTER ELEGANZ
TRÄUMT DIE ROSE IHREN TRAUM,
DIE LUFT UMSPIELT SIE IN DEM TANZ,
SCHMEICHELT IHRER SCHÖNHEIT RAUM.

IN REIFER BLÜTE GIBT SIE HIN IHR HERZ,
SO WIE'S DIE WAHRE LIEBE TUT.
NOCH DENKT SIE NICHT AN SCHMERZ,
NOCH VERSCHENKT SIE LEBENSMUT.

IHRE BLÜTENBLÄTTER, ALLE SÜSSEN,
WEHEN SANFTEN DUFTHAUCH HER.
IN LIEBE WOLLEN SIE ZAUBERND GRÜSSEN,
DIE LIEBE FINDEN UND NICHT MEHR.

SIE TRÄUMT IN IHREM KURZEN LEBEN,
WAS NUR DAS GROSSE HERZ VERSTEHT:
DEN TRAUM VON SELIGEM FREUDEGEBEN
UND VON DER LIEBE, DIE EWIG BESTEHT.

DU ABER, MENSCH, SIEHST NUR IHRE BLÜTE,
SOLANG SIE IN SCHÖNHEIT DIR DIENLICH IST,
ERKENNST DEN ROSENTRAUM NICHT IN GÜTE
UND WIRFST SIE LIEBLOS AUF DEN MIST.

ICH WILL DIE ROSENTRÄUME BEWAHREN
ALS DICHTERIN MIT DER GÄRTNERHAND,
DASS SIE AUCH IN KÜNFTIGEN JAHREN
DAS AUGE ERFREUEN, HERZ UND VERSTAND.

ROSENTRÄUME – KLEINE AHNUNG VON EWIGKEIT,
IN LIEBE VERBUNDEN UND ZUM GELEIT …

Gartenliebe geht
durch den Magen

KOCHEN MIT LUSTPFLANZEN

PFLANZEN ZUR STEIGERUNG der sexuellen Begierde wachsen seit Menschengedenken auf unserer Erde. Wir müssen sie nur anzuwenden wissen.

Die griechische Göttin der Liebe, Aphrodite, gab ihnen den Namen: Aphrodisiaka. Damit sind unter anderem Pflanzen gemeint, die durch ihre Wirkstoffe Lustgefühle verschaffen und die Liebeskräfte beleben. Die Liste jener Gewächse, die seit alters her als Hilfsmittel des Eros benutzt wurden, ist lang – und der verzweifelte Glaube an ihre Wunderkräfte manchmal erstaunlich. So galten im 16. und 17. Jahrhundert sogar Kartoffeln als Aphrodisiakum. Auch Tee, Kaffee, Tabak und diverse Gewürze wurden als Förderer der Manneskraft gepriesen.

Wissenschaftlich lässt sich die vielen Pflanzen zugeschriebene Wirkung heute nicht immer begründen. Vielleicht brachte in früheren Jahrhunderten einigen Gewächsen allein ihr exotischer Status den Ruf ein, anregend auf die Liebeskräfte zu wirken, denn als Importgüter waren sie sehr selten und teuer. Sicher ist, dass einige Pflanzen nachweislich Einfluss auf die Libido haben. Liebeskräuter im Sechserpack fürs Blumenkisterl gibt es freilich auch heute nicht im Handel.

Wichtig ist, zu wissen, wie man diese Pflanzen einsetzt. Man muss sie mit anderen sinnlichen Genüssen kombinieren: romantische Stimmung bei Kerzenlicht, ein lauschiges, anregend duftendes Plätzchen, der appetitanregende Geruch von frisch gekochtem, guten Essen, der durch Raum oder Garten zieht, angenehme Musik, duftende Haut, guter Wein.

WAS MAN ÜBER APHRODISIAKA WISSEN SOLLTE

Man teilt die Aphrodisiaka in drei größere Gruppen ein: Nahrungsmittel, Nervenstoffe, die auf das Nervengeflecht des Genitalsystems wirken und harntreibende Stoffe, die auf das Kleinhirn und das verlängerte Rückenmark wirken. Vielen Nahrungsmitteln wie Spargel, Sellerie, Bohnen, Zeller, Knoblauch oder Zwiebeln sagt man eine potenzsteigernde Wirkung nach. Die Erfahrungsheilkunde belegt das, wissenschaftlich erwiesen ist es jedoch nicht.

Ich glaube, dass sich viele Nahrungsmittel in Verbindung mit dem sinnlichen Genuss eines guten Essens im passenden Umfeld sehr wohl auf unser Geschlechtsleben auswirken. Die Liebe keimt ja zunächst in Gedanken, bevor sie sich im Herzen verwurzelt. Deshalb wird auch die beste Maßnahme zur Steigerung der Lust fehlschlagen, wenn der Mensch nicht in seiner Gesamtheit von Körper, Geist und Seele auf Liebe eingestellt ist. Ist dies jedoch der Fall, dann können die „Pflanzen der Lust“ bei romantischer Musik, feinem Essen und betörenden Düften bezaubernd wirken und tatsächlich selig machen.

EINE ALTERNATIVE: PFLANZLICHE AUFRICHTER STATT UNGESUNDER CHEMIE

Noch gänzlich unbekannt als Potenzmittel ist Weizen. Er hat als Scharfmacher keine Tradition, ist jedoch eines der wenigen Nahrungsmittel, dem die moderne Medizin zumindest in geringem Maß positive Auswirkungen auf das Geschlechtsleben zubilligt. Denn er enthält sehr viel Vitamin E, das anregend und kräftigend auf die Sexualorgane wirkt. Besonders Weizenkeimöl soll, über längere Zeit angewandt, positiven Einfluss auf die sexuelle Kraft haben.

Die Zwiebel stärkt das Herz und ihre Inhaltsstoffe wirken beruhigend auf unsere Nerven. Im Volksglauben hat der Zeller seit langem einen guten Ruf als Aphrodisiakum. Im 15. Jahrhundert riet man Männern, ihren Penis mit Zellersaft einzureiben, damit die Frau sie „für allemal lieb“ habe. Gesund ist Zeller wegen der in ihm enthaltenen Mineralstoffe auf jeden Fall.

Die erotisch-roten Früchte der Erdbeeren sind mit viel Zink angereichert und beschleunigen die Produktion von Testosteron im Körper. Granatäpfel enthalten Stoffe, die auf das genitale Nervensystem wirken und schneller Lust auf Sex machen. Das Gleiche gilt für Zimt, der erwärmt, Vanille, die Glücksgefühle hervorruft, Pfeffer, der durch das Peperin die Durchblutung steigert und Muskatnuss, die enthemmende Wirkung hat. Petersilie, Fenchel, Rettich und Spargel wirken auf Blase und Niere und damit indirekt auch auf die Geschlechtsorgane.

Die pflanzlichen Extrakte des Ginkgobaumes entspannen die Arterien und verbessern so die Durchblutung aller Organe. Ginkgo kann bei Potenzstörungen, die durch mangelhafte Durchblutung ausgelöst worden sind, angewandt werden. Kürbiskerne gelten in der Therapie von Prostata-Beschwerden als bewährtes Hilfsmittel, da sie große Mengen an Vitalstoffen, vor allem Zink und Vitamin E, enthalten, die das Liebesverlangen steigern.

DIE WICHTIGSTEN PFLANZLICHEN LUSTMACHER Ananas, Anis, Artischocken, Avocados, Basilikum, Chili, Datteln, Erdbeeren, Fenchel, Granatapfel, Ingwer, Kardamom, Kresse, Kokosnuss, Koriander, Muskatnuss, Nelke, Petersilie, Pfeffer, Pfirsich, Rosmarin, Rosensaft, Sellerie, Trüffel, Vanille, Weizen, Waldmeister, Zimt

REZEPTE FÜR *SINNLICHE STUNDEN*

WIE VERKOCHT MAN PFLANZLICHE MUNTERMACHER, SODASS SIE KÖSTLICH SCHMECKEN UND AUCH DIE ERHOFFTE WIRKUNG ZEIGEN? WELCHE ZUTATEN SIND FÜR EIN LIEBESMENÜ SONST NOCH ERFORDERLICH? GANZ WICHTIG: *VIEL LIEBE BEIM KOCHEN, DIE ROMANTISCHE GESTALTUNG DES TISCHES, KERZENLICHT, ANGENEHME DÜFTE, KLEIDUNG UND MUSIK, DIE DEM ODER DER LIEBSTEN GEFALLEN, UND VIEL HUMOR! DENN LACHEN IST IMMER DAS BESTE REZEPT FÜR STUNDEN, DIE FREUDE BRINGEN.*

ROSENSIRUP ANGELIQUE

ZUTATEN

2 kg Kristallzucker
80–100 g Zitronensäure
Rosenblüten von ungespritzten Rosen
5 Hollerblüten
Zitronenscheiben nach Geschmack

Fünf Liter Wasser und den Kristallzucker abkochen. Vom Herd nehmen und die Zitronensäure beigeben, abkühlen lassen.

Die Blütenblätter von ungespritzten Rosen in ein Glas geben und mit dem Zuckerwasser übergießen. Die Hollerblüten und Zitronenscheiben beigeben. Zugedeckt ca. 48 Stunden ziehen lassen, dann abseihen und in Flaschen füllen.

JE DUNKLER DIE ROSEN,
DESTO INTENSIVER DIE FARBE!

FRIZZANTE À LA ROSE

Pro Portion drei bis vier Esslöffel Rosensirup in ein großes bauchiges Rotweinglas geben und mit fruchtigem Frizzante Rosé auffüllen. Zwei Eiswürfel beigeben und mit frisch gepflückten, schwimmenden Rosenblättern servieren.

EIN ERFRISCHENDES GETRÄNK
FÜR HEISSE SOMMERTAGE,
DAS WUNDERSCHÖN AUSSIEHT!

ERDBEERBOMBE

Das Innere einer bauchigen Glasschüssel mit Klarsichtfolie auskleiden. Mit geschnittenen Erdbeerhälften auslegen. 250 g Mascarpone, 250 ml geschlagenes Schlagobers, 250 ml Sauerrahm und 150 g Staubzucker verrühren. Vier Blatt Gelatine in etwas Wasser erwärmen, bis sie sich auflöst, dann der Creme beifügen.

Abwechselnd Creme, Biskotten und Erdbeeren in die Schüssel schichten. Die Bombe im Kühlschrank zwei Stunden ziehen lassen. Vor dem Servieren kopfüber auf Teller stürzen und die Folie abziehen. Mit Basilikum dekorieren und mit Erdbeersauce servieren.

MOHN-HIMBEER-TORTE MIT GÄNSEBLÜMCHEN

ZUTATEN

Für den Mohntortenboden:
3 Eier, 190 g Staubzucker, 200 ml Joghurt, etwas geriebene Zitronenschale, 1 PK Vanillezucker, 90 ml Öl, 1 PK Backpulver, 190 g griffiges Mehl, 280 g geriebener Mohn, 100 g geriebene Walnüsse

Für die Creme:
250 g Topfen, 250 g Joghurt, 160 g Staubzucker, Saft einer halben Zitrone, 1 PK Vanillezucker, 6 Blatt Gelatine, etwas Rum, 250 ml Schlagobers

Für den Himbeerspiegel:
300 g Himbeeren, 2 EL Staubzucker, 3 Blatt Gelatine

Gänseblümchen zum Verzieren

Für den Tortenboden Eier, Staubzucker, Joghurt, Zitronenschale und Vanille schaumig schlagen und das Öl nach und nach unterrühren. Backpulver mit Mehl, Mohn und Walnüssen vermischen und unterheben. Den Teig in eine gefettete Tortenform füllen und im Ofen bei ca. 175 Grad backen.

Für die Creme Topfen, Joghurt, Staubzucker, Zitronensaft und Vanillezucker mit dem Mixer verrühren. Die aufgelöste Gelatine mit dem Rum untermengen. Steif geschlagenes Obers in die Masse einheben, auf den ausgekühlten Tortenboden in der Form einfüllen und glattstreichen. Eine Stunde kaltstellen.

Für den Himbeerspiegel die Beeren in einem Topf erhitzen, mit Staubzucker und aufgelöster Gelatine vermischen und etwas abkühlen lassen. Die Himbeermasse als dritte Schicht auf die Joghurtcreme gießen und glattstreichen. Drei Stunden kaltstellen. Vor dem Servieren mit Gänseblümchen verzieren.

GÄNSEBLÜMCHEN HALTEN LÄNGER FRISCH, *WENN MAN SIE MIT ZUCKER-EIKLAR BESTREICHT.*

BLÜTEN ZUM VERNASCHEN

VIELE DEKORATIVE BLÜTEN sind essbar. Ich habe die schönen Augenweiden auch als Gaumenfreuden für die Küche wieder entdeckt. Schon in den Kochbüchern der Renaissance und des Mittelalters fanden sich viele Rezepte mit duftenden Blüten zu farbenfrohen Salaten und beliebten süßen Speisen. Veilchen, Orangenblüten, Rosenblütenblätter und Nelkenblüten wurden als blumige Dekoration lukullischer Genüsse verwendet. Blüten sorgten auch kandiert für so manche Überraschung. Schon damals waren mit Blüten gewürzter Essig, Wein und Sirup bei allen Bevölkerungsschichten beliebt, und duftende Öle aromatisierten die Speisen nicht nur bei Hofe.

Frische Holunder- oder Akazienblüten, die in Bier- oder Palatschinkenteig getaucht und in Fett ausgebacken werden, sind wahre Delikatessen. Sie kosten nichts, aber wer sie kostet, ist begeistert. Aus dem Klatschmohn, der unsere Wiesen und Wegränder übersät, kann man Sirup herstellen. Kandierte Veilchen und Schlüsselblumen sind wunderschön zum Dekorieren von Kuchen und Torten. Die Blütenblätter der orangen und gelben Ringelblume eignen sich hervorragend zum Färben von Suppen und Vanillesaucen und sind, gezupft über Suppe gestreut, eine Delikatesse. Sie galten früher als „Safran" der armen Leute. Der echte Safran entstammt ebenfalls einer Blüte: Safran nennt man die getrockneten Blütennarben des Crocus sativus. Er zählt zu den teuersten Gewürzen der Welt. Nicht teuer, aber auch sehr kostbar ist der wild wachsende Löwenzahn. Er übersät bei uns im Frühling verschwenderisch die Wiesen. In Butter gedünstet schmecken seine Blüten köstlich!

ESSBARE BLÜTEN

Bartnelke

Bärlauch

Bibernelle

Gänseblümchen

Holunder

Hornveilchen

Indianernessel

Kamille

Kapuzinerkresse

Indianernessel

Kornblume

Linde

Lavendel

Lobelie

Löwenzahn

Magnolie

Malve

Nachtkerze

Natternkopf

Pelargonie

Ringelblume

Rosenblütenblätter

Schafgarbe

Schmuckkörbchen

Sonnenblumen

Stiefmütterchen

Studentenblumen

Taglilienknospen

Walderdbeere

Veilchen

Zitronentagetes

Zucchini

HOLUNDERBLÜTEN IN PALATSCHINKENTEIG

250 g glattes Mehl, 300 ml lauwarmes Wasser, ein Ei und zwei Packerl Vanillezucker mit dem Schneebesen rühren, bis ein dickflüssiger Teig entsteht, der zäh, aber geschmeidig vom Kochlöffel abrinnt. 12 große, geputzte, aber ungewaschene Holunderblütendolden in den Palatschinkenteig tauchen und kopfüber in heißem Öl goldbraun herausbacken. An den Stielen herausnehmen, auf Küchenkrepp abtropfen lassen und mit Staubzucker und Zimt bestreut servieren.

AKAZIENBLÜTENPLÄTZCHEN IN BIERTEIG

Für den Bierteig drei Eiklar zu festem Schnee schlagen. 250 g Universalmehl, drei Dotter und ca. 300 ml helles Bier mit dem Schneebesen vermengen, dann den Schnee unterheben. Blüten von sechs bis sieben Akaziendolden abrebeln und in die Masse geben. Nach Geschmack zuckern. Die Akazien-Teigmasse mit einem Suppenschöpfer portioniert in heißes Öl geben und backen, bis die Unterseite der Plätzchen goldbraun wird. Wenden und die andere Seite goldbraun backen. Auf Küchenkrepp abtropfen lassen und mit Zucker bestreut servieren.

BUNTE ABENTEUER FÜR EXPERIMENTIERFREUDIGE UND KREATIVE

BUNTE BLÜTEN AUF SALATEN bieten für Auge und Gaumen reinste Freude. Die blau-rosa Blüten des Gurkenkrauts, Borretsch, sind besonders schmackhaft. Ein mit Borretsch dekorierter frischer Gurkensalat ist eine Augenweide und schmeckt fantastisch. Blüten von Primeln oder Stiefmütterchen lassen mit Blätterteig umhüllte Pasteten begehrlich aussehen. Mit den weißen Blüten des duftenden Jasmins verfeinerter Russischer Tee wird manchen Gast begeistern. Die großen gelben Blüten der Zucchini und des Kürbis lassen sich mit Fleisch oder Gemüse füllen und in Fett ausbacken. Die bunten Blüten der Kapuzinerkresse werten, zusammen mit ihren Blättern und Knospen, jeden Sommersalat auf.

Auch Esspelargonien, Reseda, kommen wieder in Küchenmode! Kornblume, Kamille, Hornveilchen und Gänseblümchen lassen sich immer für ein kreatives Blütenmahl verwenden. Achten Sie aber bitte stets darauf, dass die Blüten, die Sie servieren, niemals mit Insekten- oder Unkrautvernichtungsmitteln behandelt sind. Ich hole mir essbare Blüten gerne in der freien Natur und suche dafür Plätze, die abseits von stark befahrenen Straßen oder konventionell bewirtschafteten Äckern liegen. Als Alternative bietet sich der Eigenanbau an.

VIELFALT IM GARTEN UND AUF DEM TELLER: PARADEISER MIT TOMATEN

WIR ÖSTERREICHER nennen die Tomate Paradeiser – ein guter Name für dieses paradiesische Nachtschattengewächs! Die Azteken nannten die Frucht „Xitomatl“, was übersetzt Schwellkörper bedeutet. Von diesem Wort leitet sich der deutsche Name Tomate ab. Die runden, roten, gelben, grünen, gestreiften, großen, ovalen, kleinen, schwarzen oder länglichen Beeren erfreuen sich heute großer Beliebtheit und zählen zu den meist verzehrten Gemüsefrüchten in Europa. Seit dem 15. Jahrhundert werden bei uns Paradeiser als Zierpflanzen angebaut, aber erst vor ca. 200 Jahren entdeckte man, dass die Früchte essbar sind. Die ersten Tomaten, die Christoph Kolumbus nach Europa brachte, hatten gelbe Schalen und niemand wollte sie kosten. Man hielt die Frucht sogar für den Auslöser des Liebeswahns. Im 19. Jahrhundert traten die Paradeiser dann von Italien aus auch in Nordeuropa ihren Siegeszug in den Küchen an.

Paradeiser wachsen in unglaublich vielen Formen – klein wie eine Johannisbeere oder Kirsche, groß wie ein Tennisball, länglich und oval. Riesenparadeiser werden bis zu einem Kilogramm schwer. Jede Sorte schmeckt anders und angesichts der Vielfalt dieser Frucht ist es verwunderlich, dass wir uns als Konsumenten mit der „Einheitstomate“, die im Supermarkt angeboten wird, so leicht zufriedengeben. Wenn Sie Paradeiser wirklich kennen und schmecken lernen wollen, dann sollten Sie möglichst viele verschiedene Sorten probieren: Paradeiser kosten ist ein herrliches Vergnügen!

Am besten, Sie bauen sie auch selbst an, das geht auch im Kübel auf dem Balkon. Es gibt alte Sorten, die heute wieder entdeckt werden und ganz hervorragend schmecken. Ich habe, dank zweier Freundinnen in meinem Dorf, die Möglichkeit, Tomaten in unterschiedlichsten Formen kennen zu lernen. Die beiden kultivieren alte und neue Sorten, testen die Früchte und ernten die Samen. Hier ein Überblick über ihre Lieblingssorten:

DIE SORTE „GREEN ZEBRA“ wird etwa 2,5 Meter hoch. Die Tomaten haben weiches Fruchtfleisch, ihre Schale ist hellgrün mit dunkelgrünen Streifen und sehr weich. Sie sind würzig und saftig und eignen sich ideal für Salate in Kombination mit Erdnüssen und Kürbiskernöl. Sie reifen Mitte August.

DIE SORTE „OCHSENHERZ“ ist ein Klassiker. Einzelne Tomaten werden bis zu 2 Kilogramm schwer. Ihr Name entstand, weil die Frucht die Form eines Herzens hat. Wegen des hohen Gesamtgewichts der Früchte braucht diese Tomatenpflanze gute Stützen durch mehrere Stäbe. Sie dankt es mit sehr geschmackvollem Fruchtfleisch, das sich auch gut für Saucen eignet.

DIE SORTE „SHIMMEIG GREG“ ist mittelgroß, glänzend und schön gezeichnet. Sie enthält nur wenige Kerne. Meist hängen vier bis sechs Früchte an der Traube. Die Früchte schmecken aromatisch, fleischig und saftig. Eine ideale Stab-Tomatensorte für's Einkochen.

DIE SORTE „ANDENHORN“ stammt aus Südamerika und trägt paprikaähnliche, lange Früchte, die unten spitz zulaufen. Die Früchte halten lange an der Pflanze. Andenhorn gehört zu den geschmacklich besten Tomaten mit wenigen Kernen und wenig Saft, süß und fein. Sie eignet sich gut für Sommersalate und dekorative Gemüseplatten.

DIE SORTE „ORANGE WONDER“ ist eine besonders festfleischige Tomate. Sie eignet sich zum Grillen und lässt sich auch gut mit Käse oder Fleisch füllen, denn man kann sie aushöhlen. Ihre dicke Schale wird in Streifen geschnitten und getrocknet – köstlich zum Einlegen in Öl.

DIE SORTE „STRIPPED ROMAN“ ist eine halbhohe Stabtomate mit dekorativer Zeichnung. Ihre Früchte sind sehr festfleischig und können bis zu 12 Zentimeter lang werden. Sie sind leicht zu pflücken und gut lagerfähig. Die Pflanze wächst schmal und schlank, braucht daher wenig Platz im Garten oder Gewächshaus. Sie benötigt jedoch viel Wärme und bringt sehr hohen Anfangsertrag im Juli.

DIE SORTE „FEUERWERK“ kennzeichnet ihr Farbenspiel: Die Früchte reifen von Grün über Rot bis Tiefrot mit gelben „Feuerwerkspuren“. Eine saftige, süße Fleischtomate mit wunderbar würzigem Aroma.

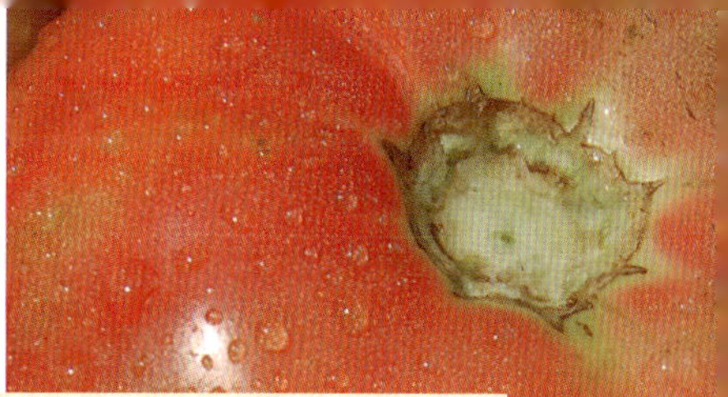

Tipp

Tomatensamen mit einem Löffel auslösen und mit der Gallert-Masse auf einem Kaffeefilterpapier an der Luft trocknen. Das Papier mit dem Sortennamen beschriften und die getrockneten Samen darin bis zum nächsten Frühling lichtgeschützt aufbewahren. Im April die Samen im Saatkistchen vorziehen, im Mai die Setzlinge ins Gemüsebeet setzen.

HERR PARADEISER

PARADEISERFRUCHT ALS PFLANZENDOKTOR

„Jüngste Forschungen beweisen, dass ich das Krebsrisiko senke. Mein roter Farbstoff ist reich an Lycopin und fängt die freien Radikale. Meine angenehme Säure ist appetitanregend und mobilisiert deinen Magen und deine Bauchspeicheldrüse. Mein Saft entwässert dich und senkt deinen Blutdruck. Wenn du mich vorm schlafen Gehen verzehrst, beruhige ich dich und deine Nerven entspannen sich.“

PARADEISPFLANZE IM GARTENBEET

„Ich mag viel Licht, Dünger und warme Böden. Ideal sind Südwände, wo die Wärme der Sonne zurückgestrahlt wird. Aber: Sonne brauchen nur meine Blätter. Meine Früchte wollen im Laubschatten reifen! Vor allem aber brauche ich Schutz gegen Regen, deshalb solltest du mir mit einer Folie ein Dach bauen. Auch im Topf am Balkon kannst du mich problemlos ziehen, wenn das Gefäß mindestens 60 cm tief ist. Für nährstoffreichen Humus und viel Feuchtigkeit bin ich dankbar. Ich bleibe gesund, wenn du mich mit meinen eigenen Abfällen (Gründüngung) oder Brennnesselblättern düngst. Lege die Blätter einfach auf der Erde auf – das bewahrt mich vor dem Austrocknen.“

PARADEISPFLANZE IN DER PFLEGE

„Mach mir bitte beim Gießen eine Mulde und versorge mich mit Phosphor und Stickstoff! Schneide meine Geiztriebe klein und leg sie mir als Dünger vor die Füße! Beinwell mag ich gern, auch als Jauche! Wenn du mir Hornmehl oder Hornspäne ins Gießwasser gibst, bin ich sehr dankbar. Sollte sich ein Pilz auf meinen Blättern ausbreiten, dann behandle mich bitte nur mit Schachtelhalmbrühe, denn ich mag kein Gift!“

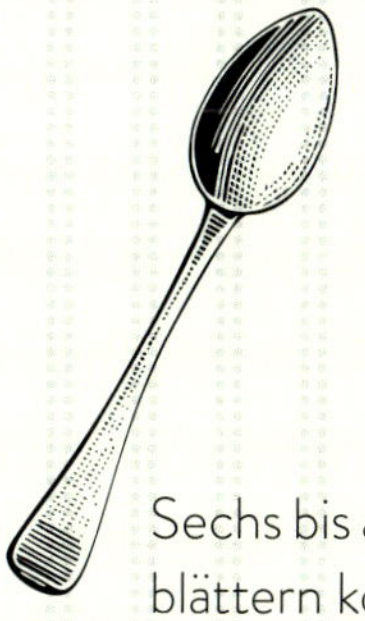

KALTE PARADEISSUPPE

Sechs bis acht frische, große Fleischparadeiser in Salzwasser mit zwei Lorbeerblättern kochen. Fertig gekochte Paradeiser durch die Flotte Lotte passieren. Mit Pfeffer, Zucker, Basilikum und Obers abschmecken und im Kühlschrank kalt stellen. Zwei in Würfel geschnittene Mozzarella-Bällchen und fünf bis sechs Eiswürfel beigeben. Vor dem Servieren mit frisch gezupften Basilikumblättern dekorieren.

PARADEISER MIT SCHAFGUPFERL

Pro Person ein frisches Schafgupferl in die Mitte einer flachen Schüssel geben und mit verschiedenfarbigen Paradeiserscheiben umlegen. Salzen, pfeffern, etwas zuckern und mit Jungzwiebelringen garnieren. Hochwertiges Kürbiskernöl darüber geben und mit gerösteten Kürbiskernen bestreuen.

„EIN GARTEN OHNE KINDER IST WIE *EIN HIMMEL OHNE STERNE.*“

Heilender Garten

HEILPFLANZEN LINDERN ZAHLREICHE BESCHWERDEN DURCH NATÜRLICHE WIRKSTOFFE

WENN'S IM HALS KRATZT, mich der Husten plagt oder die Nase rinnt, greife ich selten zu pharmazeutisch erzeugten Produkten. Die Alternativen liegen auf der Hand, oder besser gesagt, sie wachsen im Garten. In Gottes Naturapotheke gibt es für fast jedes Leiden ein geeignetes Kraut. Sogar seelisches Ungleichgewicht lässt sich durch Tees oder Düfte von Pflanzen in Balance bringen.

Sie erinnern sich vielleicht wie ich an die Großmutter, die uns bei Halsschmerzen Salbeitee, bei Magenverstimmung Kamillentee oder bei hohem Fieber einen köstlichen Lindeblütentee mit Honig verabreichte? Meine Großmutter machte einen Wickel aus gekochten Schafgarben bei aufgeschundenen Knien und bestrich kleine Schnittwunden mit dem Gel der Aloe-Pflanze. Das alles half sofort und die mütterliche Fürsorge linderte in doppelter Weise, denn auch der seelische Schmerz war bald verflogen, weil sie unser Weh mit Aufmerksamkeit behandelte. Das Wissen um die heilende Kraft von Pflanzen, dessen sie sich bediente, ist sehr einfach und praktisch in der Anwendung.

In Europa wurde das Wissen um die Wirkung von Heilpflanzen im Mittelalter von Ordensmitgliedern gesammelt, die Werke antiker Autoren über Pflanzen und Heilkunde studierten. Der Heilige Benedikt hielt bereits im 6. Jahrhundert seine Klöster an, die Gärten mit ausreichend Wasser zu versorgen und verordnete den Mönchen Gartenarbeit als Bestandteil ihres spirituellen Lebens. Die erste Gartentherapie war geboren! Ein Kräutergarten mit Heilpflanzen war damals unverzichtbar. Der Äbtissin Hildegard von Bingen verdanken wir die erste Naturgeschichte des Mittelalters durch ihre Bücher „Physica" oder „liber simplicis medicinae". Auf das Wissen Hildegard von Bingens greifen die Verfechter der alternativen Medizin und Ernährungsexperten heute noch gerne zurück.

Damals fanden viele stark riechende Pflanzen in der Medizin Verwendung, beispielsweise Rose, Lavendel, Nelke, Pfingstrose, Madonnenlilie und Rosmarin. Man wusste über den Anbau von Safran, die Wirkung von Engelwurz, Ringelblume, Johanniskraut, Alant, Rainfarn und Frauenmantel. Viele dieser Heilpflanzen wachsen heute noch in Bauerngärten, in Gesellschaft von Gemüse, Kräutern und Gewürzen. Wir können sie wieder entdecken und uns den Schatz ihrer Heilkraft zu Nutze machen. Es gibt wohl weit über 1000 Heilpflanzen.

TEA TIME. HEILENDE HEISSGETRÄNKE

TEE GEHÖRT ZU DEN BESTEN Heilern. Schnell ist er gebraut, man braucht nur Wasser und ein wenig Wissen um die Wirkung verschiedener Heilpflanzen. Viele wachsen im eigenen Garten oder auch auf dem Balkon und können schnell gesammelt werden. Eine Handvoll Melisse, etwas Minze, ein paar Hollerblüten mit kochendem Wasser aufgießen, ziehen lassen und fertig ist das gesunde Heißgetränk.

Honig und Zitrone verfeinern nicht nur den Geschmack von Tees, sie sind zusätzlich gesund und heilsam. Honig enthält über 200 verschiedene Inhaltsstoffe, darunter Frucht- und Traubenzucker, Aminosäuren, Vitamine und Proteine. Das Süßkraut, Stevia rebaudiana, ist ein Heilkraut, das Getränke ebenfalls süßt und darüber hinaus auch bei Verdauungsstörungen hilft. Stevia ist ein perfekter Zuckerersatz, da es keine Kalorien enthält und für Diabetiker bestens geeignet ist. Die Pflanze lässt sich problemlos im Garten kultivieren und das ganze Jahr über ernten.

KRÄUTERTEE RICHTIG ZUBEREITEN Einen Tee aus Heilkräutern bereiten Sie wie schwarzen oder grünen Tee zu, nur die benötigte Menge ist etwas geringer: 15 g frische oder 30 g getrocknete Kräuter werden mit 600 ml kochendem Wasser aufgegossen und nach Wunsch mit Honig gesüßt. 10 bis 15 Minuten ziehen lassen. Frisch gepresster Zitronensaft gibt dem fertigen Tee neben Vitamin C einen erfrischend säuerlichen Geschmack.

Lindenblütentee

Lindenblütentee ist in fiebrigen Zeiten ein starker Schweißtreiber und hilft, den Körper zu entgiften. Sammeln Sie die Blüten der Sommerlinde und trocken Sie sie in einem Karton. In Papiersäckchen oder in Gläser abgefüllt sind sie mindestens ein Jahr haltbar.

Rosmarin, Salbei und Thymian

Als Tee aufgegossen bringen die spitzen Nadeln des Rosmarinstrauchs den Kreislauf in Schwung und helfen bei starker Migräne. Der bittere Salbei-Tee entfaltet seine größte Wirkung beim Gurgeln, denn er hilft gegen Halsschmerzen und Halsentzündungen. Ein ausgezeichnetes Heilmittel gegen Husten ist Thymian mit seiner krampflösenden Wirkung. Er riecht gut und blüht als üppige Staude auch im Topf.

Minze und Melisse

Bei Übelkeit, Blähungen, Krämpfen und Magenschmerzen zeigt Minze wohltuende Wirkung. Das in Pfefferminze, grüner Minze oder Marokkanischer Minze enthaltene Menthol lindert starken Kopfschmerz und Erkältungen. Eisgekühlt wirkt Minze-Tee belebend und erfrischend. Die beliebte Zitronenmelisse, die in nahezu jedem Kräutergarten anzutreffen ist, liefert einen schmackhaften Tee zur Linderung starker Krämpfe.

Holler, Rosen und Co

Holunderblüten und Holunderbeeren sind großartige Hausmittel gegen Erkältungskrankheiten und helfen bei Halsentzündungen, Husten, Schnupfen und Heiserkeit. Wer im Juni Holunderblüten und im Herbst die schwarzen Beeren trocknet, holt sich praktisch eine Winterapotheke ins Haus.

Und wer im Sommer ungespritzte Rosenblätter trocknet, sollte Rosen-Tee ausprobieren, am besten mit Akazienhonig gesüßt. Auch er hilft hervorragend gegen Husten. Aus den Früchten der Rose, den Hagebutten, lässt sich Tee brauen, der erfrischt und den Durst stillt. Kombiniert mit Malvenblüten schmeckt er besonders gut und enthält dank der Malve viel Vitamin C.

Omas Milli-Minzi-Butti-Tee

Ein Tee, der gut schmeckt und viele Beschwerden heilt, ist Omas Tee aus Kamille, Pfefferminze und Hagebutte. Wer die Kräuter nicht frisch zur Hand hat, nimmt je einen fertigen Teebeutel pro Sorte und übergießt sie mit ca. zwei Litern kochendem Wasser. Mit Zitrone und Honig ergibt die Mischung nach zehn Minuten Ziehen einen perfekten Tee für jedes Weh und kann tagsüber auch kalt als Erfrischungsgetränk genossen werden.

KRÄUTER ERNTEN UND AUFBEWAHREN

EIN SONNIGER MORGEN bei trockenem Wetter ist die beste Zeit, um Heilkräuter zu ernten. Ein geflochtener Korb, ein Holztablett oder ein Leinenbeutel leisten beim Einsammeln gute Dienste. Zum Abschneiden nehme ich ein gut geschliffenes Messer oder meine Baumschere. Die Kräuter werden nach der Ernte sortiert, zu Büscheln gebunden und dann kopfüber an einem luftigen, trockenen und nicht zu hellen Ort aufgehängt. So sehen sie hübsch aus und verströmen angenehmen Duft, während sie langsam trocknen. Nach dem Trocknen zupft man die Blätter mit der Hand vom Stiel ab; große Blätter kann man noch zusätzlich zerkleinern.

Werden sie dann in saubere, luftdicht verschlossene dunkle Gläser oder Keramikbehälter gefüllt oder in braunen Papiertüten an einem dunklen, trockenen Ort aufbewahrt, bleibt das lichtempfindliche Aroma optimal geschützt. So stehen Trockenkräuter ein ganzes Jahr zum Kochen oder als Tee bereit. Der Vorratsschrank wird auf diese Weise mit Bohnenkraut, Liebstöckel, Dill, Majoran, Minze, Oregano, Rosmarin, Thymian, Salbei und Zitronenmelisse und Kamille bereichert.

KRÄUTER RICHTIG TROCKNEN Trocknen Sie Heilkräuter an einem luftigen, schattigen Ort. So wird das Wasser den Blättern und Stielen langsam entzogen und die Kräuter schimmeln nicht. Bündeln Sie die Kräuterbüschel nicht zu dick, sonst trocknen sie schlecht und faulen leicht. Bis die Kräuter „rascheltrocken“ sind, brauchen sie ca. drei Wochen. Schneller geht's im Backrohr bei etwa 35 Grad, bei leicht geöffneter Backrohrtüre. Klemmen Sie einfach einen Kochlöffel in die Ofenklappe, damit der entstehende Wasserdampf entweichen kann. Blätter und Blütenköpfe können zum Trocknen auch auf einem mit Küchenkrepp belegten Rost gelegt werden.

KRÄUTER IN ESSIG ANSETZEN Zum Ansetzen eines Kräuteressigs verwendet man am besten Apfel- oder Weinessig. Basilikum, Estragon, Dill, Kerbel, Melisse, Lorbeer, Minze, Pimpinelle, Rosmarin, Salbei, Thymian und Zitronenthymian geben köstlichen Kräuteressig. Einfach frische Kräuterzweige und nach Wunsch auch Gewürze zum Essig mischen, zwei Wochen an einem kühlen Ort ziehen lassen und dann filtern.

Tipp

Eiswürfelbehälter zu zwei Dritteln mit geschnittenen Kräutern füllen, mit Wasser auffüllen und einfrieren. Würfel erst beim Kochen – kurz vor Ende der Garzeit und ohne Auftauen – in die Speisen geben. Nicht kochen lassen! Zum Einfrieren eignen sich besonders Petersilie, Dill, Basilikum, Thymian, Estragon, Melisse und Schnittlauch.

KRÄUTER IN ÖL EINLEGEN Die ätherischen Öle der meisten Heilkräuter sind gut fettlöslich. Deshalb ist neben dem Trocknen das Einlegen in Öl eine hervorragende Konservierungsmethode. Man gibt die getrockneten Kräuter in eine Glasflasche und füllt mit Öl auf. Zarte Kräuter wie Bärlauch und Basilikum, aber auch Gewürzkräuter wie Rosmarin, Salbei oder Bohnenkraut können so angesetzt werden.

KRÄUTER EINFRIEREN Tiefgefrorene Kräuter kommen den frischen an Qualität und Geschmack am nächsten. Bei dieser Konservierungsmethode bleiben Aroma, Inhaltsstoffe und Farbe besonders gut erhalten. Kräuter dafür kurz abwaschen und mit einem Tuch abtupfen. Dann lassen sie sich im Ganzen oder gehackt gut einfrieren und halten sich bis zu einem Jahr.

SCHNELL VERFÜGBARE GARTENAPOTHEKE

Der Rote Sonnenhut

Die erste Wahl bei Grippe und Erkältung ist der schöne heimische **ROTE SONNENHUT**. Echinacea stärkt das Immunsystem, wirkt entgiftend, schweißtreibend und der Aufguss aus den Blättern hilft gegen Infektionen im Rachenraum.

Der Alant

ALANT, Inula helenium, ist eine jener Heilpflanzen, die früher zu Maria Himmelfahrt in den Weihbuschen zur Kräuterweihe gebunden wurde. Alant wird bis zu zwei Meter hoch und sein Wurzelstock riecht aromatisch. Er enthält Inulin, ein dem Fruchtzucker ähnliches Kohlehydrat. Die Wurzeln werden von September bis November gesammelt und getrocknet. Als Bad- und Gurgelmittel eignet sich Alant bei schwer heilenden Wunden, Flechten und Hautausschlägen.

Die Aloe Vera

Die echte **ALOE VERA** gilt als „Hausapotheke am Fensterbrett“. Bei Prellungen, Abszessen und Wunden leistet die Aloe barbardensis durch ihre Wundheilwirkung große Dienste. Aloe Vera ist ein hervorragendes Erste-Hilfe-Mittel bei Warzen, Verbrennungen und nässender Haut. Bei Hautverletzungen wie kleinen Schnittwunden oder Sonnenbrand hilft das Einreiben mit Aloe-Gel sofort: ein Blatt abschneiden, aufschlitzen, das Gel mit dem Messer herausdrücken und die Haut einschmieren.

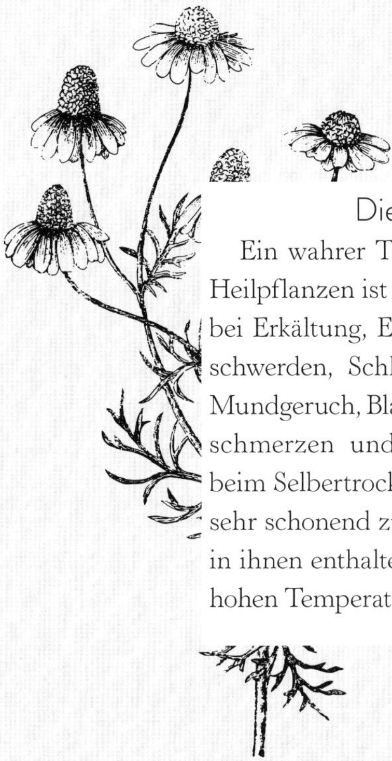

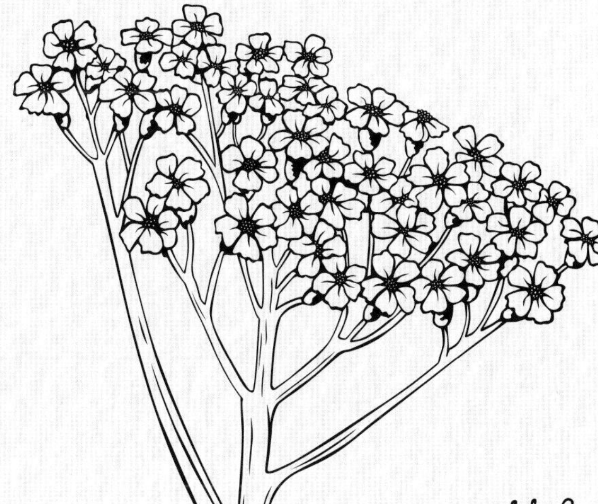

Die Kamille

Ein wahrer Tausendsassa unter den Heilpflanzen ist die **KAMILLE**. Sie hilft bei Erkältung, Entzündung, Magenbeschwerden, Schlaflosigkeit, Reizdarm, Mundgeruch, Blasenschwäche, Nervenschmerzen und Nervosität. Wichtig beim Selbertrocken ist, Kamillenblüten sehr schonend zu trocknen, da sich die in ihnen enthaltenen Flavonoide bei zu hohen Temperaturen verflüchtigen.

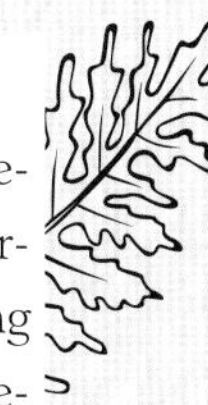

Die Schafgarbe

Die **SCHAFGARBE**, Achillea millefolium, verwendete man schon im Altertum als „Soldatenkraut" zur Behandlung blutender Kampfverletzungen. Sie besitzt Bitterstoffe, die krampflösende, adstringierende Wirkung haben. Als Umschlag bei Abschürfungen und Prellungen kocht man ihre Blüten und Blätter zwei Minuten auf, drückt sie aus und legt sie dann warm auf den mit etwas Öl eingeriebenen Schmerzbereich. Mit Baumwollbinde umwickeln und einige Stunden einwirken lassen. Dieses alte Hausmittel hilft auch bei Krampfaderbeschwerden und ist einfach und kostengünstig anzuwenden.

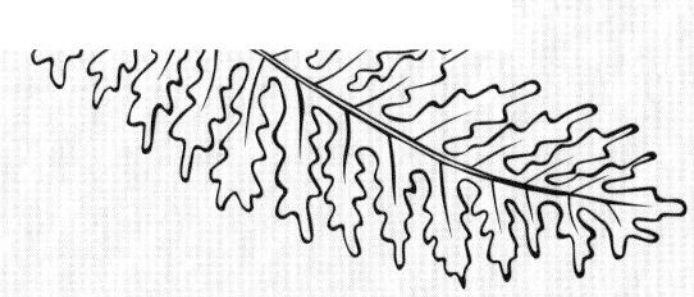

Die Ringelblume

Zu Beginn des Sommers taucht in vielen Bauerngärten eine sehr hübsche Heilerin mit zierenden, leuchtend gelben oder orange-roten Blüten auf: die **RINGELBLUME**, Calendula officinalis. Tinkturen und Cremes aus ihren Blütenblättern sind heilsam bei angegriffener oder entzündeter Haut. Im Tee wirken ihre Blütenblätter entgiftend, helfen bei Fieber, Infektionen und reinigen Leber und Gallenblase. Ringeblumentee stärkt die Verdauungsorgane, lindert Brechreiz und hilft, Magengeschwüre zu heilen.

Von Bäumen
zum Träumen ...

DER BAUM DER LIEBE – DIE LINDE

MIT IHREN HERZFÖRMIGEN Blättern gilt die Linde als Baum der Liebe. Die Linde ist ein Baum zum Träumen, ein Baum zum Verlieben. Ihre Krone, ihr Blütenkleid und ihr Stamm sind zu jeder Jahreszeit schön anzusehen. Liebende treffen einander auch heute noch gern unter Linden. Sie schnitzen Herzen in ihren Stamm, weil sie meinen, so das Zeichen für ihre Liebe in Ewigkeit festzuhalten.

Die Linde wurde in vielen Liedern verewigt, beispielsweise in Franz Schuberts „Am Brunnen vor dem Tore, da steht ein Lindenbaum" oder in dem Lied „Vor meinem Vaterhaus steht eine Linde". An Festtagen wurde früher unter Linden viel getanzt und gesungen. Auf großen, mächtigen „Tanzlinden" brachte man zwischen den Ästen an Kirtagen einen Tanzboden an, auf dem sich die Paare dann zu den Klängen der Musik in der Baumkrone drehten – ein schönes Bild.

Die Linde vereint fast nur liebliche Eigenschaften in sich: Ihr grünes Blatt hat die Form eines Herzens, ihr Holz ist weich, ihre unzähligen Blüten verströmen im Sommer berauschenden Duft und locken die Bienen an, die aus dem Nektar köstlichen Honig produzieren. Die Linde besitzt heilende Kräfte und wird uralt: Weit über 1000 Lebensjahre kann sie erreichen. Gerade im Alter entwickelt dieser Baum unglaubliche Vitalität, denn er bildet neue Wurzeln, die vom Stamm in den Boden wachsen und den Baum gleichsam von innen verjüngen. Meine Großmutter kannte dazu einen alten Spruch: „300 Jahre kommt sie, 300 Jahre steht sie und 300 Jahre vergeht sie."

LINDEN – DUFTENDE BAUMRIESEN MIT HEILIGEM HOLZ

Botanisch gehört die Linde zu den Tiliaceaen. Dieser Name rührt vom griechischen Wort „tilon" für Faser her und bezieht sich auf die in der Lindenholzrinde enthaltenen wertvollen Fasern. Der in vielen Gegenden Österreichs als „Dorflinde" bekannte mächtige Baum mit schöner Krone und üppigem Blätterdach ist meistens eine Sommerlinde, die im Juli mit Millionen duftenden Blüten die Menschen erfreut.

Doch Linden sind weit mehr als „nur" schön. Sie sind die imposanten Einzelgänger der freien Landschaft, der Dorfplätze, der weiten Wiesen. Denn dort können sie sich am besten entfalten, dort können sie ungehindert in den Himmel wachsen, dort entwickeln sie sich zu charaktervollen Baumgestalten mit mächtigem Stamm

und runden, regelmäßigen Kronen. Sie erreichen an guten Standorten eine Wuchshöhe von über 35 Metern. Das Holz der Linde gilt von alters her als heilig, wie schon der Name „Lignum sacrum" sagt. Es ist sehr hell und wird wegen seiner gleichmäßigen Beschaffenheit und seiner Konsistenz seit Menschengedenken als Schnitzholz geschätzt. Berühmte Bildhauer wie Veit Stoß und Ludwig Schwanthaler schnitzten daraus ihre Statuen, Altäre und Krippen. Auf eine Lindenholztafel wurde auch die Madonna von Tschenstochau, das Nationalheiligtum der Polen, gemalt. Auch Gebrauchsgegenstände wie Holzschuhe, Schüssel und Löffel wurden und werden aus Lindenholz erzeugt.

Die Rinde der Linde ist sehr reich an Bastfasern. Das uralte Handwerk der Bastverarbeitung aus Lindenholz übten früher die Seiler aus. Sie stellten neben Seilen auch Schnüre, Bienenkörbe und Sattelzeug aus Lindenrinde her. Lindenbäume waren dank ihres hohen Faseranteils auch Bast-Lieferanten für Kleidung und Kriegsschilde und in Griechenland kannte man sogar ein eigenes Papier aus Lindenbast. Früher diente das Holz der Linde auch zur Herstellung von Kohle und Schießpulver, ja sogar als Zahnpflegemittel. Zur Herstellung von hochwertiger Zeichenkohle wird es heute noch verarbeitet.

DER LINDENBAUM IM VOLKSGLAUBEN

Die germanischen Völker verehrten Linden als heilige Bäume, die der Fruchtbarkeitsgöttin Freya geweiht waren. Die Kelten hielten unter den mächtigen Ästen von Lindenkronen Gericht und beriefen dort ihre Thing-Versammlungen ein. Der Glaube, dass unter der Krone einer Linde die Wahrheit ans Tageslicht käme, war seit Urzeiten in den Menschen verankert. Das „Judicium sub tilia" – das Gericht unter der Linde – wird in vielen alten Urkunden erwähnt, manchmal mit grausamen Aspekten, denn ein unter einer „Feme-Linde" Verurteilter wurde oft unmittelbar nach Urteilsverkündung am Baum aufgehängt: „Das sollst du an der Linde büßen."

Unter Linden verlas man in manchen Gegenden den Dorfbewohnern auch amtliche Bekanntmachungen. Vielleicht sollte die Mächtigkeit des Baumes auch dem gesprochenen Wort mehr Gewicht verleihen. Der Glaube an die schützende Kraft von Lindenbäumen hielt sich über mehrere Jahrhunderte: Der „Aphrodite-Baum" der Römer wurde ebenso wie später die „Marien-Linde" ein Begriff. Im Zuge der Christianisierung schmückte man dann Linden häufig mit Marienbildern oder Kreuzen, und die Dorfgemeinden verehrten in Andacht betend Jesus und die Muttergottes unter dem schützenden Blätterdach von Linden.

Im 17. und 18. Jahrhundert kam die Linde als Prunkbaum der Aristokratie in Garten-Mode, nicht ohne praktischen Hintergrund. Man reiste damals in Kutschen; die Zufahrten zu Schlössern und Palästen wurden mit Linden beschattet, die ein dichtes Dach nach oben und zur Seite der Straße bildeten. Diese prächtigen, langen Lindenalleen finden wir heute noch bei Zufahrten zu historischen Gebäuden. Wer sie an einem heißen Sommertag durchschreitet, spürt sofort den wohltuenden, duftenden Wert einer Lindenallee als Schattenspender. So entstand auch die längste Lindenallee Deutschlands, die Herrenhäuser Allee bei Hannover, mit zwei Kilometern Länge.

Eine erstaunliche Geschichte über die Pflanzung einer Lindenalle fand ich in Golo Manns Buch über den berühmten Feldherrn Wallenstein aus dem 17. Jahrhundert. Wie Wallenstein einst eine vierreihige (!) Lindenallee zu seinem Schloss Gitschin in Böhmen auspflanzen ließ, kann man als spektakulär bezeichnen: 1000 Lindenbäume wurden von 1000 Soldaten gleichzeitig gepflanzt – auf das Kommando eines einzigen Kanonenschusses! Ein gärtnerischer Geniestreich, der heute sicher ins Guinness Buch der Rekorde eingehen würde.

ÜBER DIE HEILKRAFT DER LINDE

Der Arzt Theophrast beschreibt die Linde mit dem Namen „Philytha" als Baum, dessen Blüten den Bewohnern von Kreta als älteste bekannte Arznei galten. Tatsächlich treibt die Linde in ihrer „Hochzeit" bis zu 60.000 Blüten. Wir wissen heute, wie gesund Lindenblütentee bei Fieber und Erkältung ist. Auch Hildegard von Bingen wies auf die Heilwirkung der Lindenblätter hin, die „trübe Augen wieder klar machen".

Die moderne Wissenschaft hat es genauer definiert: Die Blüten der Lindenbäume enthalten Glykoside, deshalb wirkt heiß getrunkener Lindenblütentee mit Honig bei Grippe schweißtreibend, schleimlösend und krampfstillend. Und die gute alte Lindenholzkohle heilt bei Blähungen und entzündlichen Magen- und Darmerkrankungen, heute wie in alten Zeiten.

DER BAUM DER WEISHEIT – DIE BUCHE

DIE IN DEN HIMMEL ragenden Stämme eines Buchenwaldes erwecken Ehrfurcht. Nicht nur der Volksmund bezeichnet sie deshalb als „heilige Hallen".

Die Schönheit von Buchenhainen wurde von vielen Sängern und Dichtern in Liedern und Geschichten gerühmt. Beginnen wir beim Namen. Meist sagt die lateinische Bezeichnung von Pflanzen viel über ihre Eigenschaften aus. So auch bei der Buche, die Fagus heißt. Dieses Wort kommt vom griechischen „phagein", das „essen" bedeutet. Buchenblätter kann man tatsächlich essen. Deshalb hieß die Buche früher „Esslaub" und galt als hervorragender Speisebaum. Buchenblätter wurden frisch oder getrocknet auch an Tiere verfüttert. Ich habe es ausprobiert: Im Frühjahr sind ganz frische, junge Buchenblätter auf Butterbrot auch für heutige Gaumen eine Delikatesse!

Die Buche liebt nebelfeuchte Luft, ist in ganz Europa weit verbreitet und wird knapp über 300 Jahre alt. Ihre höchste Perfektion als Königin des Waldes erreicht sie in den Wäldern der Normandie, im Wald von Lyons bei Rouen. Dort formen bis zu 30 Meter hohe Buchen einen gewaltigen Baldachin aus Blättern, der kein Stückchen Himmel freilässt.

Obwohl die Buche nur auf mageren Kalkböden gedeiht, setzt sie sich gegenüber anderen Laubbäumen durch. Ihre Rinde ist silbergrau, dünn, glatt und sehr sonnenempfindlich. Als Schutz gegen die sengenden Strahlen der Sonne bildet sie deshalb mit ihrer Krone einen waagrechten Laubschatten. Die Stärke der Buche liegt in ihrer hohen Schattenverträglichkeit; sie kann mit nur einem Sechzigstel des vollen Tageslichtes gedeihen. Ihre Blätter zeigen im Herbst ein reiches Farbenspiel von Goldbraun bis Kupferrot, bevor sie abfallen.

GESCHICHTEN UND MYTHEN ÜBER DIE BUCHE

Die alten Germanen schnitzten Runenzeichen auf Bretter und Stäbe aus Buchenholz, die

beim Orakel auf ein weißes Tuch geworfen wurden. Anhand der Lage der Stäbe sagten die Weisen die Zukunft voraus oder holten den Rat der Götter ein. Die Buche galt ihnen als Verkünderin der Schöpferkraft. Die Kelten sahen sie als „Wunschbaum", sie banden Buchenzweige mit ihren Wünschen auf den Baum. Unser Wort „Buchstabe" kündet heute noch von diesen alten Bräuchen, ebenso wie „Buch" leitet es sich von der Buche ab. Dazu passt auch die Erzählung, dass Johannes Gutenberg einst sah, wie ein Buchenholzletter einen Abdruck auf Papier hinterließ, und angeregt durch diese Beobachtung im Jahr 1450 die Druckerpresse und den Buchdruck erfand – ein Segen für die Menschheit.

Sowohl Kelten als auch Germanen betrachteten die Buche als mütterliches Wesen, das Geborgenheit und Schutz bietet. Diese Sichtweise lebt heute noch fort, wenn wir Kindern bei Gewitter lehren: „Vor den Eichen sollst du weichen und die Weiden sollst du meiden. Zu den Fichten flieh mitnichten. Doch die Buchen musst du suchen!" Als „Mutter des Waldes" bezeichnen Förster die Buche, denn ihre Herzwurzeln sind fest im Boden verankert und kaum vom Blitz gefährdet.

ÜBER DAS HOLZ DER BUCHE UND SEINE INDUSTRIELLE NUTZUNG

Buchenholz ist wertvolles Brennholz, sein Heizwert ist extrem hoch. Buchenspäne waren früher auch für Beleuchtungszwecke begehrt, weil sie im Gegensatz zu Kiefernholz nicht „spritzen". So wurden Osterfeuer traditionell mit einem Buchenschwamm angezündet. Da sich nur sehr vermögende Leute dieses Holz leisten konnten, hieß es im Volk: Die Reichen verbrennen Buchenes. Vor der Verwendung von Steinkohle wurde Buchenholz auch in Glas- und Eisenhütten verfeuert. In der Nachkriegszeit diente es kurzfristig, dank eines speziellen Destillationsverfahrens, als Kraftstoff anstelle von Benzin. Aus Buchenasche wurde zu Großmutters Zeiten Waschlauge hergestellt.

Buchenholz ist anfällig für Fäule, deshalb wurde es beim Haus- oder im Schiffbau kaum verwendet. Die industrielle Nutzung von Buchenholz förderte vor allem der Tischlermeister Michael Thonet. Er erhielt 1842 von Metternich das Vorrecht „Holz auf chemisch-mechanischem Wege in beliebige Formen und Schweifungen zu gießen". Thonets bekanntestes Möbelstück, der Wiener Stuhl Nr. 14, wurde über 60 Millionen Mal in aller Herren Länder verkauft. Thonet-Möbel sind heute noch weltberühmt. Im Museum der Stadt Boppard am Rhein, Thonets Heimatort, kann man die interessantesten Bug-Buchenholzmöbel dieses begabten Handwerkers besichtigen.

FRUCHT UND HEILKRAFT DER BUCHE

„Buacheckerl" wird die Frucht der Buche in Österreich liebevoll genannt, angeblich, weil sie an die Ecken eines Buches erinnert. Es heißt, dass viele Bucheckerl im Herbst auf einen strengen Winter hindeuten. Der Schweizer Volksmund

sagt deshalb: „Viel Buech, viel Fluech“. Die Frucht der Buche diente früher vor allem als Futter für Tiere, besonders in der Schweinemast. Bucheckerl enthalten 25 % Öl und liefern ein sehr mildes, lange haltbares Speiseöl. In Kriegszeiten war es verboten, Bucheckern an Schweine zu verfüttern, denn man benötigte sie zur Ölgewinnung. In dieser Notzeit zog Jung und Alt in die Wälder, um Buchecker ln zu sammeln. Heute sind Bucheckerl in der Adventfloristik als Dekor auf Kränzen und Gestecken beliebt.

Weniger bekannt sind die heilkräftigen Wirkstoffe der Buche. Als „Pix Fagi“ bezeichnet man Buchenholzteer, der gegen Rheuma, Gicht und Hautleiden hilft. In der Tiermedizin streicht man Buchenholzteer als Desinfektionsmittel auf verletzte Klauen von Ziegen und Schafen. Der Baum selbst wirkt auf uns Menschen kraftvoll und beruhigend. Das Anlehnen an den dicken Stamm einer Buche kann helfen, Belastendes abzugeben.

DER BAUM DER ERFAHRUNG – DIE WEIDE

WEIDENBÄUME SIND MIT 300 Arten auf unserer ganzen Erde verbreitet. Schnelles Wachstum und hohe Wurzelfähigkeit zeichnen sie aus.

Salix heißt die Weide auf Lateinisch. Nach der Pappel ist sie der raschwüchsigste Baum unserer Breiten. Sie liebt feuchten Boden und gedeiht an Flüssen, Bächen und in den wasserreichen Niederungen der Au. Weiden werden selten älter als 120 Jahre, erreichen aber eine stattliche Höhe. Während die Riesen unter ihnen bis zu 30 Meter hoch wachsen, gehört zur Familie der Weiden auch der „kleinste Baum der Welt", die Krautweide (Salix herbacea). Diese Weidenart ist im Hochgebirge beheimatet, verzweigt ihre Wurzeln unterirdisch und wächst kaum mehr als ein paar Zentimeter im Jahr. Dabei bringt sie maximal zwei Blätter hervor.

Weidenbäume gedeihen bevorzugt an Stellen mit verstärkter Erdstrahlung. Man sagt dem Baum maßlose Energie nach, im heutigen China steht der Begriff „Qi" für Weide und Lebensatem zugleich. In der Mythologie der alten Griechen wachte der Weidenbaum über die Geburt der Göttereltern und galt als Verkörperung des Lebensflusses. Die Weide zählte aber auch zu den Attributen Demeters, der Göttin des Ackerbaues und der Fruchtbarkeit. Weiden werden von vielen Völkern mit dem Mond assoziiert. Die sumerische Göttin des Mondes, Belili, herrschte bei Weiden, Quellen und Brunnen. In Irland wird die Weide in den Sagen mit der sphärischen Musik und mit der hellsichtigen Erleuchtung in Verbindung gebracht. In Schottland gilt die Weide als Sinnbild für Harmonie.

ÜBER DIE MYTHOLOGIE UND GESCHICHTE DER WEIDEN

Das althochdeutsche Wort „salha" bedeutet Weide. Salix caprea, die Salweide, dient mit ihren blühenden Kätzchen im Frühling den Bienen als erste Nahrungsquelle. Ihre Blätter sind wertvolles Futter für Ziegen, was ihr den Beinamen caprea einbrachte (capra = Ziege). Sogar in der griechischen Mythologie gibt es von der Weide zur Ziege eine Querverbindung, denn die Weide war die Schwester der Amathea, der Ziegengöttin, die Zeus und Pan gesäugt hatte. Die neun Musen, die auf dem Berg Helikon (Helike = Weide) resi-

dierten, waren die Priesterinnen der Mondgöttin. So kommen wir wieder zur Weide als Mondbaum. Denn die Weide galt in den alten Mythen nicht nur als Lebensspender, sondern gleichzeitig auch als der Baum an der Grenze zwischen Leben und Tod.

In den Religionen hat die Weide seit langem ihren festen Platz. So verwenden die Juden Weidenzweige für die Gottesverehrung beim herbstlichen Laubhüttenfest und in christlichen Osterbräuchen werden seit dem 18. Jahrhundert am Palmsonntag die Weidenkätzchen geweiht, die als Palmbuschen an den Einzug Jesu in Jerusalem erinnern sollen. Diese geweihten Palmbuschen begleiten uns heute am Land allerorts mit ihrer Segenskraft in Häusern und Stallungen. In der Ukraine wird der Palmsonntag auch Weidensonntag genannt.

In der christlichen Vorstellung wurde der Weidenbaum oft mit Judas, Hexen und Kobolden in Verbindung gebracht. Im noch älteren germanischen Mythos bewohnt der Todesgott Viddharr ein struppiges Weidengebüsch. Die Kelten wiederum erkannten, wie gut Weidenholz auf Schwingungen reagiert und fertigten Musikinstrumente daraus. Der Klangkörper der ältesten erhaltenen keltischen Harfe wurde aus einem einzigen Stück Weidenholz gearbeitet. Der hohle Körper des Weidenholzes nimmt die Schwingung der Saiten auf und bringt einen reichen Klang hervor, der sich wohltuend auf die Umgebung ausdehnt.

WEIDENHOLZ UND SEINE NUTZUNG

Das Holz der Weide ist sehr weich und wenig dauerhaft. Man schnitzt daraus „Holzpatschen“ und Spielzeug. Auch „Wünschelruten“ zum Aufspüren von Wasseradern und schädigenden Erdstrahlen werden aus Weiden hergestellt. Industriell verarbeitet man Weidenholz heute zu Reißbrettern und Zündhölzern. Mit dem Rindenabsud der Silberweide wurde früher Leder gegerbt, während die Blätter und Wurzeln zum Färben von Baumwolle dienten. Die Samenwolle der Weiden war zusammen mit Pappelsamen ein beliebtes Füllmaterial für „Arme-Leute-Kissen“.

Bis in die 1950er Jahre wurden Silber- und Korbweiden zu knorrigen „Kopfweiden“ zurechtgeschnitten. Man hackte die Äste in ein- bis zweijährigem Intervall bis zum Stamm ab und nützte die langen biegsamen Weidenruten zum Flechten von Körben. Diese alte Nutzungsform wurde schließlich durch den Siegeszug des Plastiks obsolet. Weidenruten waren früher auch ein beliebtes Bindematerial zum Verschnüren der Schuhe, für Strohbündel und Besen sowie zum Anbinden von Weinreben. Zur Errichtung von Zäunen und Weidenhäusern für Kinder leisten Weidenruten auch heute noch gute Dienste, denn, einmal in die Erde gesteckt, treiben sie unglaublich schnell aus.

DER BAUM DER STANDHAFTIGKEIT – DIE EICHE

DIE EICHE WURDE von vielen Völkern Europas als Baum der Götter verehrt. Das Eichenlaub als Sinnbild des Sieges hat sich in Jagdritualen bis heute erhalten.

Kein anderer Baum findet sich in so vielen Mythen wie die Eiche. Stärke, Kraft, Mut und Ausdauer werden mit ihr verbunden. Die Griechen weihten den Baum ihrem höchsten Gott Zeus, die Römer dem Jupiter. Wenig bekannt ist, dass der Petersdom in Rom auf einem dem Jupiter geweihten Eichenwald erbaut wurde. Er befindet sich direkt über den Grundmauern eines heidnischen Tempels. Das keltische Wort „duir" bedeutet hart und steht für Eiche – der Begriff „Druide" leitet sich davon ab. Druiden, die keltischen Priester, schnitten mit goldener Sichel Eichenmisteln, Loranthus europeus, vom Baum, denen sie heilende Wirkungen zusprachen. Im Schmücken des Hauses mit Mistelzweigen in der Vorweihnachtszeit hat sich dieser keltische Brauch bis heute erhalten.

Die Germanen verehrten im Eichenbaum ihren Vegetationsgott Donar oder Thor, dem für die Fruchtbarkeit der Felder geopfert wurde. Er war auch der Gott des Wetters und wohnte nach dem Glauben der Germanen in Eichenstämmen. Die Donar-Eiche, das berühmte germanische Baumheiligtum, stand einst im heutigen Hessen. Die Bibel wiederum berichtet, dass Abraham drei Engel unter einem Eichenbaum empfangen und bewirtet habe. Eine Zeit lang galt die Eiche aber auch als Hexen- oder Teufelsbaum und so mancher mächtige Baum fiel dem falschen Eifer der Christianisierung zum Opfer. Dabei taucht im Alten Testament die Eiche mehrmals als Orakelbaum auf und immer wieder errichteten die Patriarchen des jüdischen Volkes unter Eichen ihre steinernen Altäre.

Das Laub und die Früchte des Eichenbaumes fanden in den Symbolen der Heraldik Einzug. Der deutsche Dichter Friedrich Gottlieb Klopstock trieb die patriotische Verehrung der „deutschen Eiche" im 18. Jahrhundert auf einen Höhepunkt. Noch heute prangen in Hirschblut getränkte Eichenblätter nach erfolgreicher Jagd am Hut des Waidmannes. In vielen militärischen Abzeichen sind Eichensymbole zu finden. Auch der Nationalsozialismus hat sich dieses Baumes bemächtigt: Der fliegende Adler mit einem Eichenkranz in den Klauen war das Hoheitszeichen des „Dritten Reiches".

Die Eiche, lateinisch Quercus, ist mit 500 Arten eine der umfangreichsten Laubbaumgattungen der nördlichen Hemisphäre. Nach der Eiszeit verbreitete sich die Eiche in ganz Europa und bildete gewaltige Urwälder. Wo die Eiche heute noch in Mischwäldern wächst, ist sie der König des Waldes. Sie ist von knorrig-harter Gestalt, Raum beherrschend, sonnenhungrig und wird über 1000 Jahre alt. Sie wächst sehr langsam; erst nach 100 Jahren hat sie sich zu jenem mächtigen Baum entwickelt, den man sich unter einer standhaften „Eiche" vorstellt. Der bekannteste Baum, die Stieleiche, Quercus robur, hat eine sehr weit ausladende Krone mit eckigen, massigen Armen. Die Steineiche, Quercus petrea, ist fast ebenso verbreitet, erscheint in Gestalt aber höher und mit regelmäßigerer Verzweigung. Sie wird auch Traubeneiche genannt, weil ihre Eicheln in kleinen Trauben dicht beisammen fruchten.

Eichenbäume stellen wenig Ansprüche an den Boden, ihre Pfahlwurzeln reichen bis zu acht Meter in den Boden. Sie treten meist an Stellen auf, wo Wasserströmungen unter der Erde zusammentreffen. Das erklärt auch den schon zitierten Gewitter-Spruch: „Eichen weiche!" Blitze werden von diesen Standorten magisch angezogen.

ÜBER DEN WIRTSCHAFTLICHEN WERT DER EICHEN UND IHRE HEILKRAFT

Der wirtschaftliche Wert des Eichenbaumes liegt neben der Holzverarbeitung in seinen begehrten Früchten, den Eicheln. Bereits die Kelten kannten den Trieb der Schweine in den Eichenwald und bevor die Kartoffel als Mastfutter Einzug hielt, wurde der Wert eines Waldes nicht in Holz, sondern in „Schweinen" angegeben. Der damals oft gebräuchliche Spruch „Auf Eichen wachsen die besten Schinken" versinnbildlicht den hohen Wert der Eichelfrucht als Mastfutter.

Eichenholz ist in seiner Widerstandskraft und Haltbarkeit schier unersetzlich und bis heute konkurrenzlos. Sherry- und Whiskyfässer werden auch heute ausschließlich aus Eichenholz gefertigt. Auch für Haus- und Schiffsbau, die Fassbinderei, das Müllereigewerbe und andere Handwerksberufe ist die Eiche noch heute unerlässlich. Den Engländern galt die Eiche einst als „father of ships", denn ohne sie wären die britischen Kolonialeroberungen und der Handel mit Übersee unmöglich gewesen.

Besonders wertvolles Holz liefert die Moor- oder Wasser-Eiche, weil es viele Jahre hindurch im Moor verborgen lag. Es wird für den Bau hochwertigster Möbel verwendet, auch Konzertflügel und Klaviere werden daraus hergestellt. Als kostbarstes und teuerstes Edelholz der Welt weist es nur millimeterbreite Jahresringe auf. 300-jährige Eichen stehen wegen ihres hervorragenden Furnierholzes sehr hoch im Kurs.

Eichenholz enthält viele Gerbstoffe, es ist hart und bitter. Auch in Rinde, Frucht und Blatt des Baumes sind Gerbstoffe enthalten, die früher zum Gerben von Tierhäuten Verwendung fanden. Dank ihres Gerbstoffgehalts hat die Eiche auch heilende Kräfte. So wirken Eichenrindensitzbäder heilend bei Hämorrhoiden und Gebärmutterentzündungen. Der Absud der Rinde wird als Gurgelwasser bei geschwollenen Mandeln, Angina und zur Zahnfleischkräftigung eingesetzt. In Kriegszeiten hatte Eichelkaffee als Ersatz für Bohnenkaffee große Bedeutung und soll als probates Mittel gegen die Ruhr wertvolle Dienste geleistet haben.

DER TROST DER ALTEN DAME
PLATANE

VON DER WÄRMENDEN Frühlingssonne des milden Abends durchdrungen, spaziere ich in der Kastanienallee am Fuße des Wagram entlang. Der Duft der blühenden Akazien berauscht Seele und Gemüt. Der Holler blüht in leuchtend weißen Dolden. Überall regt sich die Natur. Trotzdem scheint die Zeit hier still zu stehen. Ein Glücksgefühl steigt auf. Ich besuche sie wieder – meine alte Freundin: die mächtige, Ehrfurcht gebietende Schutzherrin des Hofgartens. Wie eine heilige Riesin ragt sie auf einsamer Wiese frei stehend gegen den Himmel. Ihren Stamm können sechs Männer kaum umfassen, ihr Kronendurchmesser zählt 49 Schritte.

Platanus acerifolia heißt sie mit lateinischem Namen, die ahornblättrige Platane. Sie wurde im Jahr 1603 hier gepflanzt. Ihre mächtigen, ausladenden Arme erinnern ein wenig an die Hälse von Dinosauriern. Knollige Verdickungen an Stamm und Ästen machen sie zum stummen Zeitzeugen einer bewegten Vergangenheit. Was mag sie wohl schon alles gesehen haben? Jetzt, im hohen Alter schält sie sich und die Rinde bricht in großen Stücken von ihr ab. In den Abendstunden kann man es hören. Es knackst im Geäst. Die gefleckte Rinde ist das Ergebnis dieser Schuppung, die Platanen so interessant macht.

„Baum des Gehorsams“ wird sie oft genannt, denn wie kaum eine andere Baumart verträgt sie Vernachlässigung, Bodenkargheit, Luftverschmutzung und schlechte Behandlung. Tief in der Erde seit Beginn des 17. Jahrhunderts verwurzelt, steht „meine“ Platane fest auf ihrem heimatlichen Platz. Sie erträgt Generationen von Kindern, die an ihr hinaufklettern, Abenteuersuchende, die zu ihren Füßen mit dem Feuer spielen, und Liebende, die Herzen in ihren Stamm ritzen. Auch Plastikblumen, die man ihr in gutem Willen zusteckt, nimmt sie gelassen hin. Sie erträgt fast alles. Sie dauert in der Zeit, übersteht Wind und Wetter, lebt in Beständigkeit.

Um ihr meine Zuneigung zu zeigen, lehne ich mich oft an ihren mächtigen Stamm. Dann erzählt sie mir Geschichten von Kraft, Ausdauer, Geduld, Stärke und Liebe. Wenn ich mich unter vielem Zurückblicken von ihr verabschiede, winkt sie mir freundlich nach, mit bewegten Blättern, mit kleinen Samenbällchen, die wie Kugeln lustig von ihren Zweigen hängen. Ich nehme dann ihr Bild mit in den Schlaf. Ich brauche dieses Bild zur Erbauung und zum Trost, wie das liebe, gute Wort einer vertrauten Freundin, der Alter, Schönheit, Erfahrung und Bodenständigkeit eine umfassende, heilende Weisheit verlieh.

DER BAUM

IM UNENDLICHEN VERWURZELT, VOLLER KRAFT
WÄCHST ER ZUM HIMMEL, STRÖMT SEIN SAFT.
NATURGESETZ IST, WAS SEIN INNERES HÄLT,
UND ÜBER SEINEN WIPFELN RAUSCHT DIE WELT.

DA, WO LÄNGST NICHTS MEHR IM TUN,
IM SCHAFFEN, HANDELN SICH BEWEIST,
FÜHRT UNS DER BAUM IN SEINEM RUHN
ZUR STILLE, DIE DAS SEIN VERHEISST.

SEINER BOTSCHAFT TON IST LEISE,
VERTRAUTES HERZENSPOCHEN IN DER NACHT,
ALS KLÄNGE DOCH, AUF LIEBEVOLLE WEISE,
DER MUTTER LIED AUS SEINEM BLÄTTERDACH.

WAS SICH EINST IN WIRRUNGEN VERLOREN,
SAMMELT IM WESEN EIN DER BAUM,
BESCHENKT, ZUM ÜBERLEBEN AUSERKOREN,
UNS DURCH SEINE GEGENWART UND RAUM.

WO RUHMESGLANZ UND MACHT BETÖREN,
IRREN WIR MENSCHEN OFT EIN GROSSES STÜCK,
DOCH WER GELERNT HAT, BÄUMEN ZUZUHÖREN,
FINDET DIE HEIMAT UND DAS GLÜCK.

Zur Autorin

Angelika Starkl wurde 1958 in Klosterneuburg geboren. Sie ist Mutter von fünf Kindern und Großmutter von drei Enkelkindern. Nach 20-jähriger Praxis in Gartenbau, Floristik und Baumschule inskribierte sie als Spätberufene an der Donau Universität Krems. Sie schloss die Studien Journalismus (Master of Arts, 2005) und Fernsehjournalismus (Akademischer Experte TV, 2011) mit ausgezeichnetem Erfolg ab. Nach Publikationen in Gartenmagazinen und Wochenzeitungen begann sie 2006 als selbständige Garten-journalistin in der sonntäglichen Krone Bunt mit der Kolumne „Mein Stückchen Erde".

Seit 2011 gestaltet sie mit großem Erfolg zur Kolumne passende Garten-Servicefilme für Krone TV. Die Autorin ist überzeugte Verfechterin des ökologischen Gärtnerns. Sie lebt und arbeitet in einem renovierten Bauernhaus mit schönem Rosengarten im Weinviertel in der Nähe von Tulln.

Bildnachweis

Angelika Starkl: S. 7om, S. 10/11, S. 17 (außer m), S. 25 (lo, ro, m, rm), S. 32, S. 33 (außer lu), S. 37 (r, m), S. 42/43, S. 48 (außer r), S. 49 (außer lo), S. 50/51, S. 53, S. 60/61, S. 65m, S. 67lo, S. 75, S. 76/77, S. 79, S. 85, S. 87, S. 94/95, S. 99/100, S. 124, S. 126, S. 128/129, S. 139
Shutterstock: Tafeln Aufmacherseiten (Andrey Kuzmin), Vor- und Nachsatz (Andrea Crisante, Sergio Schnitzler), S. 6om (SalomeNJ), S. 97 (Gts), S. 127 (Jeffrey Schmieg), S. 130 (Shlapak Liliya), S. 131 (lynea), S. 138 (LanaN), S. 140/141 (Lavandaart), S. 144l (Morphart Creation), S. 144ro (Kevin Hill Illustration), S. 144ru (Pirha), S. 145lo (Hein Nouwens), S. 145lu (Morphart Creation), S. 145r (Denis Barbulat), S. 149 (sauletas), S. 151 (werg), S. 152 (haraldmuc), S. 153 (BMJ), S. 155 (Reddogs), S. 156 (Yuriy Boyko), S. 157 (Boris Mrdja), S. 159 (Adrian Grosu), S. 161 (Pavel Suslov), S. 163 (Claudio Divizia), S. 164 (anaken2012), S. 165 (Udo Kroener), S. 166 (ollirg)
iStockphoto: S. 125 (fotogaby)
Alle anderen: Rita Newman

Impressum

Bibliografische Information der Deutschen Nationalbibliothek
Die Deutsche Nationalbibliothek verzeichnet diese Publikation in der Deutschen Nationalbibliografie; detaillierte bibliografische Daten sind im Internet über http://dnb.d-nb.de abrufbar.

1. Auflage
Texte: Angelika Starkl
Lektorat: Else Rieger
Fotografie: Rita Newman, Angelika Starkl
Grafische Gestaltung: Christine Link
Dank an: ReinSaat, www.reinsaat.at

ISBN 978-3-85033-706-9

Christian Brandstätter Verlag
GmbH & Co KG
A-1080 Wien, Wickenburggasse 26
Telefon (+43-1) 512 15 43-0
Telefax (+43-1) 512 15 43-231
E-Mail: info@cbv.at
www.cbv.at

Designed and printed in Austria

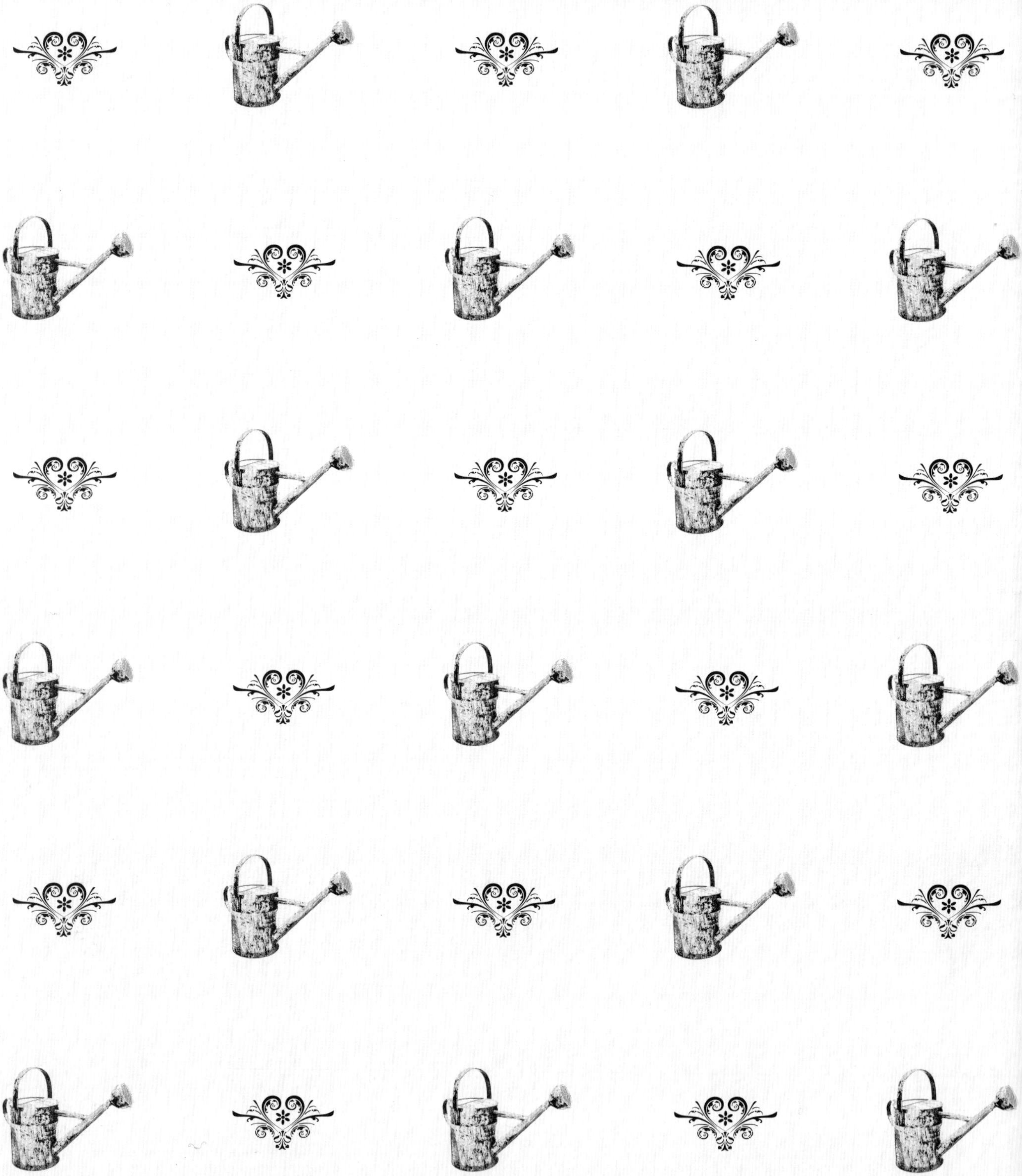